尚锦西餐系列

『酱』料理
完美西餐

1种主菜×3种酱汁=
150种星级美味

何行记　著

中国纺织出版社

作者序

"师父，牛排太生了，被客人抱怨！"

"妈妈，牛排煎太老了，咬不动！"

这是做西餐时常出现的问题，也是西餐初学者的心声！

而事实上牛肉生熟度的掌控，一直以来都没有一套标准，厨师如何判断？靠经验，都是口耳相传，像是摸摸手掌的软硬度部位，再按压牛排感觉一下，差不多软硬就是几成熟？

但这样做正确吗？！

殊不知，每一块肉会因为——油脂分布密度、肌里纹路、熟成时间、室内温度、烘烤温度等，种种因素而影响肉的生熟度，所以上述的方法并不是很适用的标准。

我个人喜欢用科学化的管理方式来规范标准，所以在《完美西餐"酱"料理》这本书里，让新手最头痛的熟度判断上，建议读者善用"探针式温度计"，而且书中每种食材都有写成熟的温度，使读者容易上手，只要照着本书的方法，像是很容易柴的鸡胸肉或是猪大里脊肉，即使在家做，也可以达到饭店的水准。

而且以我多年厨艺经验的体会，完美的料理来自于：食材的采买与准备，加热过程中温度的掌控，只要拿捏好，等于就是做了一道90分的美味料理，再加上酱汁变化，就完美无暇了。所以，这本书除了主菜外，还有多种变化口味的酱汁，以期能达到完美料理的境界。

此外，这本书和其他料理书最大不同之处在于，不介绍花哨的排盘或是装饰，而是着重于实用的经验传承，像是牛排酱的制作原理及变化，奶油酱灵活运用变成白肉类、海鲜类的酱汁，季节蔬果做成鲜艳的莎莎酱等。希望能带给喜欢西餐烹调的朋友一个更高层次的认知。

Contents

Part1 软嫩的肉类

Part2 鲜甜的海鲜

本书使用注意事项

◎所有生鲜食材请洗净，并去除不可食用部分之后再料理。

◎烤箱有品牌、容量大小的不同，本书的温度设定值仅供参考，必须依照烤箱功能及容器大小来调整烘烤温度及时间。

◎烘烤前需先预热烤箱至所需的温度，以确保烘烤时的稳定度，由于预热的时间同样需视烤箱品牌、容量大小而定，本书是6分钟到达指标，建议在准备材料的同时先预热烤箱以节省时间，当烤箱上的温度指示灯熄灭，即表示烤箱内到达指定温度，这时就可放入准备好的食材进行烘烤了。

Part3　清爽的蔬食类

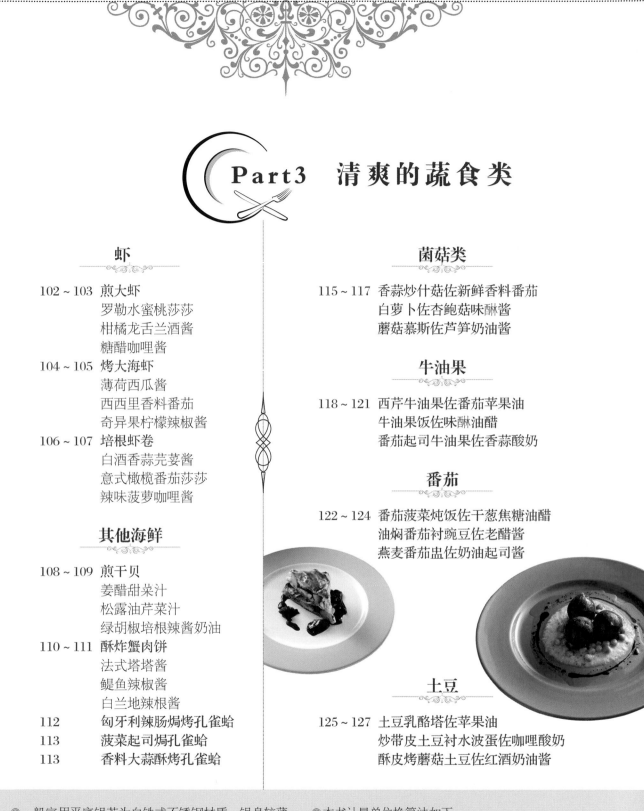

◎一般家用平底锅若为白铁或不锈钢材质，锅身较薄导热迅速，因此除油炸时需先热锅再放油烧热外，其余煎、炒不必热锅，等放油后再烧热即可，否则锅温度太高容易爆油或使食材烧焦。

◎本书标示的保存天数为参考值，需视制作分量及保存温度自行斟酌。

◎本书计量单位换算法如下：

1小匙=5毫升；1大匙=15毫升（若无大匙，可用一般喝汤的汤匙代替）；少许=略加即可，例如加盐、白胡椒粉等；适量=看个人口味增减分量，例如，习惯吃重口味的人，盐可多加一点，喜欢吃清淡些的，则少加一点。

选好锅具才好上手

工欲善其事，必先利其器，好的工具可让做西餐变得更容易，
以下介绍8种必备的器具，让您轻松上手。

◆ 不锈钢厚平底煎锅

锅是最重要的，挑选时要找锅底比较厚实，有重量、双层的锅，有些锅可从外表看到双层的设计。这种锅火力传导快又均匀，不容易烧焦，最适合用来煮浓稠的酱汁。而且锅表面不要镀膜成黑色，才容易看到酱汁煮的过程真实的状态。本书绝大部分使用这种锅，简称为"厚平底煎锅"。

使用时必须"热锅"，是指先空锅烧热，放油，等油热了才开始放食材，只要这样做，绝对不会粘锅。

何主厨推荐

◆ 探针式温度计

温度检测计是厨房必备用品之一，用来检测肉的生熟度非常好用又准确。使用时要插到肉厚度的1/2，才是最佳测量位置。

何主厨推荐

◆ 牛排煎锅

这锅用来煎牛排非常好用，除了会让煎出来的牛排产生吸引人的烧痕外，最重要的是可让煎烤过程出水的肉汁留在沟槽中，肉就不会在油水中煮，使肉质变老。而且卡在沟槽中的油水煮沸后会产生烟，让肉带有碳烤的香气。

◆ 调理棒

用起来轻便又好清洗，可以将食材快速搅打成粉状、碎末或泥状，尤其适合酱料分量较少时。使用时要注意，必须把材料放入较深的容器中，避免搅拌时飞溅。

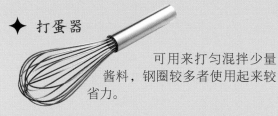

◆ 打蛋器

可用来打匀混拌少量酱料，钢圈较多者使用起来较省力。

◆ 夹子

制作西餐常会使用夹子，煎食材着重在表面煎熟，用夹子较易操作。夹子要选择拿起来比较沉的，较耐用不会变形。

◆ 滤网

可用来滤取高汤、酱汁，去除食材的渣滓，让酱料没有多余的杂质。滤网有粗细不同的网眼可以选择，建议选购较细或是双层网的。

◆ 橡皮刮刀

橡皮刮刀呈现圆弧形，可作为混拌的工具，因有弹性，可将钢盆里的材料刮取干净，特别适合用来搅拌制作酱汁的基底原料——"法式面酱"上。另外，刮取奶油或鲜奶油等发泡性油脂特别好用。

西餐美味的灵魂香料

西餐美味的精髓就是香料，可以提升食材味觉的层次，
妥善运用会让酱汁与搭配的主菜更融合，以下介绍本书中最重要的9大香料。

❶ **粗粒黑胡椒**：是西式料理中最常用的调味料，常用在腌渍中，用途是提味。

❷ **俄力冈香料**：属于除腥系的辛香料，味觉上略给人一点辣和苦的感觉，香味很浓。非常适合用在炖肉、烤披萨，或是意大利菜当中的红酱。

❸ **月桂叶**：属于芳香系的辛香料，又称甜桂叶，清香淡淡的独特风味，具有去腥防腐的作用。叶子质地硬，略带有苦涩味，烹煮后并不适合食用，料理完成之后就会取出丢弃。

❹ **小茴香**：是咖喱粉的主要材料之一，在西方料理中使用非常广泛。使用时只须

少量，辛香中带着香甜让人有温暖感，滋味丰富，带淡苦香味，也是西式酱料重要香料之一。

❺ **豆蔻粉**：豆蔻是产在印度尼西亚一带的香料，磨成粉就是所谓的豆蔻粉。拥有特殊浓厚的香气，能去除肉的腥味，是亚洲各国常用的香料，也可广泛用于汉堡肉、香肠、炖肉、烧烤等西式料理上。

❻ **绿胡椒**：是胡椒的一种，是在果实绿色时采收下来，是所有胡椒中最天然的。因是低温干燥制成的，不太辣，而味道最香，常可用来制作高级料理酱汁，增添风味。

❼ **红椒粉**：用红辣椒制成，在味道上非常辛辣，再加上它的色彩偏橘红，主要用在调味及配色上，有很好的效果。

❽ **姜黄粉**：又叫郁金香粉，以姜黄根制成，是黄色的香料，带有淡淡辛香味，用途广泛，常和咖喱搭配。撒入姜黄粉后要和全部材料拌匀，才不会结块，而且使用分量不宜过多，会产生苦味。

❾ **匈牙利红椒粉**：是红甜椒干燥后磨成的粉制成，又称"红甜椒粉"，味道香甜而不辣，带有香气浓郁与鲜艳的红色，同时具有观赏及味觉双重效果，可用于调色、调味或装饰。存放于冰箱中低温保存，以保持香味与漂亮的鲜红色。

西餐常用食材介绍

西餐常吃的牛排、猪排到底是在哪个部位呢？口感有何差别？
海鲜中会用到哪些鱼呢？看看本文介绍，跨出了解西餐的第一步。

沙朗

指的是肋脊肉，为
第6~12根肋骨间
的肋里脊肉。
这个部位运动
量较少，中间有
筋，油花分布均
匀，吃起来比较
多汁不干涩，肉质   嫩
仅次于菲力，是极佳的牛排部位，可直
接煎，也可切成薄片做火锅肉。

菲力

是所谓的腰内肉，也可称作小里脊肉，是
整条牛肉中最佳的部位，每只牛只能取4~
6磅（1.8~2.7千克）的菲力，也是运动量最
少的部位，所以口感特别鲜嫩，油脂含量较
少。一般都切得较厚，做成高级的牛排，煎
烤时建议低温且熟度不超过七分熟为原则，
以免造成肉质干硬、口感干涩，失去菲力的
美味。

纽约克

是指前腰脊部的下腰肉，属于大里脊的
后段，肉质接近肋眼，油花分布均匀，
但肉质的纤维粗一点，因运动量较沙
朗、菲力多，富咬劲，是美国人的最
爱。形状类似纽约州，所以称为"NEW
YORK CUTS"（纽约克）。适合煎、
烤，或是做成火锅片、铁板烧。

肋眼

是在肋排下的部
位，沿着脊骨所附着
的肉块。这部位也算少
运动的，肉质也很软嫩，
因为中心处有一块大油花，看
起很像眼睛，所以被称为"肋眼"。
西餐料理中常整块烘烤，本书即采用此方
式；此外，还可作煎、炒等。

带骨猪排

又称为"带骨里脊肉""小排"，位于背脊中央带骨的部位，肉质紧实，带点油花，中式料理常用这块来炸成猪排，西式则煎和烤居多。

法式羊背、羊里脊

取自脊背的部位，整块未分割时称作羊背，切修整齐后统称"法式羊排"，而法式羊排又分为切片法式羊排与未切片的整块法式羊排，把法式羊背的骨头去掉即为羊里脊。西餐常用煎或是烧烤的料理手法。

羊里脊

法式羊排

猪大里脊

又称背脊肉，位于猪的背脊部两侧，每只猪只有两条，是猪肉中最嫩的部位之一，也没有肉的腥味，只有少许油脂，适合用于烧烤、煎、炸、炒等烹调时间短的料理方法。

牛腩

是指前胸到腹部的五花肉，带肥肉，含油脂量较高，越接近肚子，肥油就越多。适合用来长时间炖、煮方式的料理，本书是用在炖牛肉。

猪小里脊

又称腰内肉，是脊骨下面与大排骨相连的瘦肉，肉中没有筋，所以也是最嫩的部位。而且脂肪含量非常低，肌肉纤维细小，适合烤、炸及炒。

带骨牛小排

无骨牛小排

牛小排

又可分成带骨和无骨牛小排。是前胸肋骨部位，是取第6～8根肋骨间横切下来的带骨部位；去骨牛  小排是经过修整而成。此部位肉质结实，油脂含量多，口感耐嚼，适合烧烤、煎，或是切做薄火锅肉片。

烟熏火腿

取猪后腿肉为原料，腌渍过后放入肠衣中充填至圆柱状，先用木炭碳烤，再熏烤而成。做好后，等冷却立即用真空包装、冷藏储存。是西式料理常用食材，可以直接食用，或是单煎来吃，也可搭配酱汁。

带翅骨鸡胸

指的是去掉颈皮，带有一些翅膀根部及背部的鸡胸部分，全是白肉。肉质柔软、味道淡却甜美，含丰富的蛋白质。适合用烘烤或清蒸的方式烹调。

三文鱼、烟熏三文鱼

主要产自冷水海域的大型鱼。肉质富含OMEGA-3，常用煎、烤、水煮的方式。欧美还会将鱼肉用冷热烟熏的方式做成烟熏三文鱼。

鸡胸肉

是西餐鸡肉中最喜欢用的部位，在国外鸡胸肉的价格甚至比鸡腿、鸡翅贵。鸡胸肉能使用的面积很大，本书用的是去骨、去皮后的部位，又称去皮清肉，适合煎、烤。

潮鲷鱼片

指的是取自养殖场的吴郭鱼，也称"海潮鲷"。宰杀后取腹部两侧最鲜嫩的肉，急速冷冻制成高级生鱼片肉。肉质细嫩无刺，容易咀嚼消化。在西餐料理中常用煎、烤、蒸的方式呈现。

鸡柳

是鸡胸肉的一部分，是把鸡胸肉取出后，最靠内层胸骨边上的肉，左右各一条，不带骨，一只鸡只有2条，很嫩、无油脂，常会沾粉、油炸，本书中即做成酥炸鸡柳条。

鳕鱼

主要产在冷水区，因为气候的关系，吃到的都是进口的鳕鱼。平常被称为鳕鱼的其实就是"真鳕"或"扁鳕"，它的种类将近数十种，肉质口感也相差很大，因此价格的差异也较为悬殊，而圆鳕则是鳕鱼中最好吃的鱼。鳕鱼肉质洁白细嫩又无细刺、入口即化，冬季是品尝的最佳时机。

樱桃鸭胸

樱桃鸭是世界知名鸭——英国樱桃谷所产鸭的品种名，皮薄肉厚扎实软嫩。樱桃鸭胸肉没有传统鸭肉的腥味，肉质纤细，脂肪分布均匀，口感不输牛肉，适合煎，或是先煎后烤皆可。

鲈鱼

鲈鱼种类很多，市场大都是金目鲈鱼及加州鲈鱼两种。推荐选用金目鲈鱼，因肉质软嫩，较不会有土腥味，但单价稍高。西餐中常用蒸、煎及烤的方式料理。

海鲕鱼

又名"海仔"或"军曹鱼"，每年3～5月是主要捕获期。鱼肉质细致紧实、油脂丰厚，有久煮不烂的特性，西餐中会以蒸、烤的方式处理。

鲜干贝

新鲜未经处理过的干贝，通常以急速冷冻的方式冰存，称之为"鲜带子""鲜干贝"。都是冷东保存，肉质甘甜，咬起来很筋道软嫩，品质较好的为日本进口生食干贝。西餐料理中多半只煎到半熟，以免影响口感。

金枪鱼

有很多品种，本书使用黄鳍金枪鱼。其中黑金枪鱼是金枪鱼类中最大型种，俗称黑甕鲳，属于高价位鱼，尤其腹部是生鱼片中的极品，口感甘甜鲜美。西餐料理可做成中间生、表面熟的半生熟的特殊料理手法。

虾

分海虾和淡水虾，海虾有明虾、草虾；淡水虾有沙虾、溪虾、泰国虾。每种虾都有不同特色，沙虾的口感软、较甜，适合做成虾泥，而草虾、明虾的口感韧，则适合做虾仁。本书是以草虾为主，口感不输明虾，在西餐中多用来煎和烤。

石斑鱼

生长在深海中，肉质软嫩筋道，其中龙胆石斑，是石斑鱼的鱼种中体型最大的，肉质纤细。和其他鱼比起来的优势为：鱼皮和鱼肚胶质含量丰富。西餐料理会用清蒸、煮、煎、烤等手法烹调。

孔雀蛤

又称为淡菜或贻贝。主要产地是纽西兰，因水质纯净，生长的孔雀蛤比较美味，西餐常会做成各种口味的焗烤。

黄鸡鱼

俗称"黄鸡仔"，全年皆有，以夏季产量较多，肉质肥美，肥瘦度较不受季节的影响。肉质细嫩、无细小刺，适合蒸、煎、盐烤、盐烧的烹调方式。

牛油果

牛油果是西餐常用的食材，多半会和其他食材、酱汁一起拌成沙拉。国产的只适合打果汁，若要做料理还是以进口牛油果为主。要特别注意，一开始外皮是绿色，果实味道会涩，需放一段时间，直到皮变成淡咖啡色，或轻摇可以感觉到核的摇晃，表示熟了，就可以吃了。

必学的西餐制作技巧

k 煎的技巧 k

"browning + deglazing（煎至褐化+溶解肉汁）"是西餐中做炖煮料理或煎牛排时很常见的一个步骤。肉类在煎过之后会在锅底留下些微焦黑的东西，这是酱汁精华所在，所以才会利用葡萄酒或高汤溶解出来。这也是建议使用不锈钢厚平底锅的原因，因不粘锅，不会焦黄。

｛Tips1：热锅热油｝

是指先空锅烧热，放油，等油也热了才开始放食材，只要这样做，绝对不会粘锅，要注意此做法限用不锈钢厚平底煎锅。若不小心粘锅，先关火降温，再用平铲慢慢铲起即可。此外，如果是煎沙朗和肋眼，还可用修下的背油来热锅，煎出来的牛排就不会粘黏。

｛Tips2：煎的火候｝

煎任何肉类时，一开始火越小越好，比较不容易粘锅，而且煎的过程水分也不会流失。只有需要长时间烘烤的牛肉，才需用大火把表面略煎上色。

｛Tips3：皮面朝下｝

煎鸡肉、鸭肉或是鱼肉时，只要有皮都是皮朝下，先煎皮；因皮带有脂肪，煎过后油会渗出，肉再吸收脂肪，做出来的菜会特别香。

｛Tips4：煎至定型再翻面｝

煎时，一面煎至肉变色再翻面，判断方法为贴锅底的垂直面的底边出现焦黑状，或锅出现烟，闻到焦香味时，就可以翻面，千万不可以翻来翻去的，如果是鱼片会很容易破损，因而让肉汁流失。大部分都是煎到好只翻动一次，就是换面。记得煎的过程中，千万不能盖锅盖，不然水分被逼出，肉质就会老及涩。

｛Tips5：立起四面煎｝

煎肉时，特别是比较厚的肉，像是肋眼、猪排、羊排，可以分别立起四边各自煎，直到表面颜色变色、微焦即可。

｛Tips6：煎好静置｝

煎好盛盘后要放置3分钟左右，让肉的温度均匀散布及松弛肉质，让口感更绵密，也能让肉中水分降温后封在肌肉内，切时才不会有肉汁流出，这做法适用于任何肉类。

取鱼片的方法

1 将鱼洗净去鳞，在鱼头和鱼身连接处切一刀至鱼骨处，勿切断鱼骨【图1】。

2 在鱼尾处也切一刀至鱼骨处，勿切断鱼骨【图2】。

3 在鱼背贴近背鳍处，由靠近鱼头的地方，横刀且刀面贴着鱼骨，划切开鱼肉，直至鱼尾处【图3】。

4 将鱼肉翻开拿起，刀面贴着鱼骨，由鱼头顺着鱼腹划切至鱼尾处，即可取下整片鱼肉【图4～图6】，另一面也依相同方法取下鱼片。

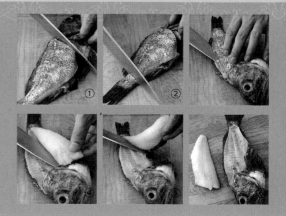

k 烤的技巧 k

┤ Tips 1：预热 ├

制作西餐常用烤的方式，烤之前一定要预热，以维持烤箱内的温度。将上下火调整至所需烘烤温度，通常当红灯熄灭时就表示已达到预热温度；若无指示灯，至少也要预热6分钟左右，烤箱到达工作温度标准不一，通常设定6分钟为一个到达指标。

┤ Tips 2：修正温度方法 ├

若烤好的肉中心温度未到达时，需再入烤箱烘烤，并修正烤箱时间，基本上肉的温度每差1℃，需接着烤的时间为2分钟，以此类推。

┤ Tips 3：烤好静置 ├

肉刚烤好必须放在室温一段时间，这是因为肉汁都集中在中心，静置回温可让肉汁与肌理融合，肉的口感会比较湿润，不会有柴柴的感觉。另外，食用时切开也才不会因为温度过高而渗出大量肉汁。而静置的时间则依肉类的大小、厚度来决定，越大块、越厚的肉，静置时间越长，像是肋眼就要静置20分钟，一般的肉类则是5分钟左右，适用于牛肉、猪肉、羊肉、鸭肉，海鲜类则不适用。

此外，红肉类，特别是牛肉，因为油脂与血水经过一段时间的加热后会融合而成肉汁，而肉汁呈现淡红色，出现淡红色表示牛肉的鲜度够，熟度也刚好，而很多人会将淡红色的肉汁误认为是血水，这是需仔细分辨的地方。

k 炸的技巧 k

┤ Tips 1：裹三层粉 ├

一般西式油炸裹粉都是用三温暖的方式，所谓的三温暖是指要依序沾裹面粉、蛋液、面包粉，先干粉再湿粉；因为要先用干粉，才可以附着在食材上，接下来蛋液除了可帮助面包粉沾黏外，也可避免食材中的水分流失，让炸出来的食材酥脆。

┤ Tips 2：一次炸到熟 ├

西餐中的油炸方法和中式最大不同在于，不用二次回炸的手法。采用的方式一次只炸一次食用的分量，食材以一口吃下为原则，所以容易炸熟，千万不可切太大或是太厚。用中温油炸，一次炸至呈现金黄色为佳。

k 蒸的技巧 k

蒸的部分就和中式很相近，都是蒸制食物时，须等蒸锅的水沸后再开始计算蒸制的时间，火候都要先用大火煮沸转中小火保持水中的蒸汽；但锅则明显不同，依然是用不锈钢厚平底煎锅，只加少量的油、水和白酒，用短时间来蒸熟。

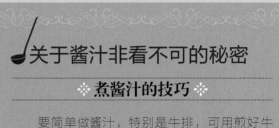

关于酱汁非看不可的秘密

❋ 煮酱汁的技巧 ❋

要简单做酱汁，特别是牛排，可用煎好牛排后留下的汤汁，来当作酱料原料之一的高汤，这样就可以不用额外再煮牛骨酱或高汤。

烹煮酱汁的火候不能过大，以中、小火为主，若火候过大，锅边很容易烧焦，影响酱汁的味道。

酱汁煮好的判断方法是煮到变浓稠，稠度判断是以放入空盘中，搅一下酱汁，不会立即晕开。

❋ 酱汁中特有的"乳化" ❋

调理酱汁时，最后加入奶油拌匀的动作，以专业术语称为"乳化"，除了可让酱汁有滑口的感觉外，还可让酱汁带有浓稠度。

增加滑顺效果的乳化过程中，温度非常重要，必须已经熄火降温才可拌入奶油，若持续加温，会产生油水分离的现象。而让酱汁有浓稠度的乳化，奶油的分量较多，所以刚煮好的酱汁不要立即加奶油，高温下易产生油水分离的情形，所以书中会将酱汁先静置一段时间再放入奶油，本书83页的柠檬奶油酱即是如此。

最好的方法是无盐奶油在还未使用前先冰在冰箱内，乳化效果比较好。除此之外还可将奶油泡于冰块水中，要用时再取出，立即拌入煮好的酱汁中，也可以有效控制温度。

西餐美味的4大关键

> 关键 1 | 购买品质好的食材

〔肉类〕

要买品质好的肉，组织渗透快，一下就熟了，肉中的水分才不会因烹煮太久流失。至于判断肉品质的方法为：肉鲜红色，外观完整干净、肉质坚韧、肉纹纤细，看起来具有湿润感，有一定量的脂肪，脂肪是奶油色或白色（美国牛是白色；澳洲牛偏黄色）。

如果是选购冷藏肉，就要挑选肉色鲜红有光泽的，没有血水渗出，肉的纤维越细致越好，脂肪鲜白，油花密集且分布均匀，看起来像大理石纹路。

另外，若是选购进口冷藏牛肉，最好等买好所有东西之后再买，可以缩短牛肉处于常温的时间，尽可能保有牛肉的鲜度。至于牛肉的来源，笔者建议注重健康的人，可挑选吃草的纽西兰牛排，肉中的脂肪不会太多，吃起来才不会过于油腻。

老饕级的美食家则可选择美国牛肉，等级为PRIME（特优级）或是和牛（日本的特优级），但是相对的，口感等级越高，单价也相对更高。

〔海鲜类〕

购买海鲜时以生鲜品为首选，可先观察海鲜的动作，行动越灵活的越新鲜。如果是购买冷冻海鲜，需确定没有退冰状态，而且包装完整，其中，经过剖杀冷藏的海鲜类，需确定血水不能过多而且颜色没有变黑，否则，表示新鲜度有问题。

上市场也是最后才买海鲜类；回到家时，应该马上处理并清洗干净，如果不是立即烹煮的话，必须放在冰箱冷藏，要是当天不煮就得冷冻贮存予以保鲜，等到要煮之前，再放入冷藏室内低温退冰，才不会失去鲜度。

> 关键 2 | 适时静置

要做出好吃的西餐，需要时间等待，特别是红肉类，而海鲜讲究的是新鲜，就不需要这个过程。如果是冷冻的，必须前一晚移至冷藏解冻，冷藏退冰可减少肉中的血水流失；至于烹调前，也要先放在室温下10分钟，这样一方面可避免煎时肉与锅的温差过大，使油温急速冷却，肉不易熟，而且血水也会容易渗出，影响肉质的口感，煎出来的肉不会汁多味美。煎好的肉也要静置，这是为了让肉的温度能够均匀散布及松弛肉质，让口感更绵密。

至于要先腌还是先静置，这两种步骤都可以，只是先撒上调味料有腌渍效果，较能软化肉质。

> 关键 3 | 先煎后烤

先煎后烤是西餐常用的料理手法，可封血水，牛排、猪排、羊排、鸡肉都常用到，海鲜类有时也会用到。在家可以用煎＋焖的方式。另外，本书中的菲力牛排，特别选厚度3厘米、宽5厘米，重量在150克以内的，此大小可以直接煎熟，就不需要用二段式烤熟。

> 关键 4 | 熟度的判断方式

每种食材都有一定的熟成温度，只有煮到刚好的温度，做出来的料理才会嫩，为了能以科学的方法判断，所以本书特别标出每种食材的中心温度，只要照着书中的温度去做，就不会出现肉质过于柴的问题。

西餐的基础高汤及酱

鸡高汤和牛骨酱是学做西餐前必先学会的基础，
下面介绍常用到的基础高汤和酱，帮助您走入美味的西餐世界。

鸡高汤

分量：1.5升
保存方法：冷藏3天、冷冻30天

∞ 主厨小叮咛 ∞

蔬菜与鸡骨分批放是为了让鸡高汤容易熬煮，如果一开始就加入蔬菜丁，量会太大，较不易煮沸，且鸡骨的杂质也不容易捞除干净。

材料：
鸡骨或鸡翅500克、洋葱1头、胡萝卜1根、西芹2根、月桂叶1片、白胡椒5粒、水2升

做法：
1 鸡骨或鸡翅放入沸水中余烫，去除血水后捞出洗净备用。
2 洋葱、胡萝卜去皮，西芹切除根部后分别洗净，再切成小丁备用。
3 把烫好的鸡骨或鸡翅放入汤锅里，加入水2升，用大火煮开后捞除浮起的杂质，再把所有切成小丁的蔬菜放入汤里，转小火，加入月桂叶及白胡椒，煮约40分钟后，过滤残渣留取汤汁即可。

牛骨酱

分量：约500毫升

材料：
A 牛骨1千克、番茄糊1大匙
　鸡高汤（或水）1000毫升、洋葱1头
　西芹3根、胡萝卜1根、月桂叶3片
　黑胡椒粒1小匙、红酒200毫升
B 色拉油1大匙、无盐奶油15克
　低筋面粉15克、盐2小匙

🌀 **牛骨酱（DEMI GLAZE）**是所有牛排酱汁的基础，通常做法会将牛骨熬煮2天以上，但因人力及做工繁复，现今多数已用黄汁粉取代，不过一些高级餐厅还是坚持传统做法。

做法：
1 准备烤箱，用上/下火200℃预热6分钟。
2 牛骨洗净后擦干，放在铺有铝箔纸的烤盘上，表面均匀涂抹上番茄糊【图1】，放入已预热好的烤箱，用上/下火200℃烘烤约20分钟，待番茄糊略微焦黑【图2】，取出，置于深锅内，倒入鸡高汤，先开大火煮沸，捞除杂质后，转小火继续熬煮，不需要加盖。
3 洋葱、胡萝卜去皮，西芹撕除老筋，三者分别切成丁。
4 取厚平底煎锅，加入色拉油，开中大火，放入三种蔬菜丁炒香，再加入月桂叶及黑胡椒粒拌炒至香味出来，加入红酒同煮【图3】，用小火煮至酱汁浓缩成1/2量后熄火，倒入牛骨汤中，用小火熬煮2小时，不需要加盖，再过滤至小汤锅内，酱汁约剩500毫升。
5 无盐奶油放室温下软化后，加入面粉混合，以刮刀充分拌匀，加入酱汁内，开小火，用打蛋器搅打均匀【图4】，煮沸后加盐调味，即成牛骨酱。

① ② ③ ④

Part 1

软嫩的肉类

牛肉、猪肉、羊肉
鸡肉、鸭肉

BOX 配菜这样做

菠菜去根部，放入沸水中氽烫至熟后，捞出沥干，再加入少许橄榄油、白胡椒粉、盐拌匀；小番茄表面划刀，放入沸水中氽烫，剥去外皮即可。

沙朗牛排

分量：2人份

材料： 沙朗牛排2块（每块250克）
调味料： 盐1/4小匙、黑胡椒碎1/8小匙、
橄榄油1大匙
配菜材料： 菠菜120克、小番茄2个

做法：

1. 沙朗牛排两面均匀撒上盐及黑胡椒碎后，放室温下静置约10分钟。
2. 取厚平底煎锅，开中火烧热锅，倒入橄榄油，放入沙朗牛排，以中火煎约1分半，翻面再煎1分半，插入探针式温度计至肉的中心处，中心温度约46℃。
3. 取出煎好的沙朗牛排，静置2～3分钟后，切条状，置于盘中，放入配菜，再依个人喜好淋上18页酱汁即可。

∽ 主厨小叮咛 ∽

1. 牛排先撒盐及黑胡椒碎，再放室温下静置，或是先静置，再撒上盐、黑胡椒碎，这两种步骤都可以，只是先撒上调味料，有腌渍效果，可以软化肉质。
2. 煎牛排的中心温度约46℃时为五分熟，这是沙朗牛排的最佳熟度；因沙朗牛排通常比较薄，所以煎烤时，火候必须掌握好。
3. 温度计是厨房必备用品之一，对于检测牛排生熟度非常好用，买探针式较方便。
4. 料理好的牛排静置的目的是，让肉质松弛，让肉汁与肉的肌理融合，肉的口感会比较湿润，且食用时切开才不会渗出大量肉汁。

材料:

A 新鲜巴西利20克
　新鲜迷迭香10克
　新鲜百里香10克
　大蒜5瓣(约15克)
B 无盐奶油150克、白兰地50毫升

做法:

1 无盐奶油放入干净钢盆中,放室温下静置10分钟,待奶油软化。

2 巴西利、迷迭香、百里香分别切碎,用厨房纸巾吸干多余水分;大蒜去皮切碎,与三种香料碎一起放入奶油钢盆内。

3 倒入白兰地,用打蛋器仔细搅拌均匀。

4 将拌好的白兰地香料奶油放在铝箔纸中间,小心地卷成直径约3厘米圆柱形【图1】,整好形后,将铝箔纸两边扭紧,把多余的铝箔纸剪掉【图2、图3】,放入冰箱冷藏1小时,直到奶油凝固备用。

5 食用前,将凝固的白兰地香料奶油切成宽约0.7厘米,摆放于煎好的牛排上即可。

白兰地香料奶油

分量:2人份　保存方法:冷藏15天

① ② ③

∽∽ 主厨小叮咛 ∽∽

1 奶油要放置室温下使其软化,才容易和其他香料混合均匀。

2 钢盆一定要干净且不能有水,才不会有细菌滋生。

3 香料若买不到新鲜的,可以用干燥品取代,但是香气不太足。

● **你也可以这样搭:** 煎带骨牛小排(28页)。白兰地香料奶油除了搭配牛排之外,像烤虾、蟹等海鲜也非常适合。而且这道酱的用途很广泛,做烩菜也可以使用,如白酒奶油烩鸡,在起锅前将白兰地香料奶油融入,别有一番不同滋味。

红酒芥末子酱

分量：2人份　保存方法：冷藏7天

材料：

A 大蒜3瓣（约10克）、红葱头3个（约10克）

B 红酒60毫升、牛骨酱60毫升（做法见15页）
　　法式芥末子酱1/2大匙

做法：

1 大蒜、红葱头去皮后切碎。

2 厚平底煎锅烧热，转小火，放入大蒜碎、红葱头碎炒香，再依序加入红酒及牛骨酱，煮至酱汁剩1/2量，并呈浓稠状时熄火，加入法式芥末子酱拌匀即可。

● **你也可以这样搭：**菲力牛排（24页）、煎带骨牛小排（28页）、汉堡排（40页）、土豆乳酪塔佐苹果油（125页）。红酒芥末子酱也适合搭配烤鸡腿。

∽∾ 主厨小叮咛 ∾∽

1 做红酒芥末子酱和里昂式沙朗牛排酱可用原煎牛排的锅，不洗直接使用，就可以运用煎牛排剩余的酱汁当作高汤，做出来的酱汁味道会比较鲜美。

2 红葱头以新鲜为主，不可使用油葱酥替代，否则味道会完全不同。

3 红酒必须煮到酒味消失，颜色变深。

4 烹煮酱汁的火候不能过大，以中、小火为主，火候过大，锅边很容易烧焦，而影响酱汁的味道。

里昂式沙朗牛排酱

分量：2人份　保存方法：冷藏7天

材料：

A 培根6片、洋葱半头（约120克）
　　大蒜3瓣（约10克）、蘑菇4朵（约80克）
　　新鲜迷迭香1小根（约10克）

B 红酒50毫升、牛骨酱50毫升（做法见15页）

做法：

1 培根切0.5厘米宽片；洋葱去皮，切细丝；大蒜去皮，切碎；蘑菇切片。

2 厚平底煎锅烧热，转小火，依序放入培根片、洋葱丝、大蒜碎、蘑菇片，用小火炒香，再加入红酒、迷迭香及牛骨酱，煮至酱汁剩1/2量，呈浓稠状时熄火，取出迷迭香。放上迷迭香（另取）装饰即可。

● **你也可以这样搭：**纽约客牛排（20页）。里昂式沙朗牛排酱也可搭配烤猪里脊，再加上水煮土豆就更美味了。

∽∾ 主厨小叮咛 ∾∽

1 里昂式是利用牛肉原汁或红酒酱汁，加入大量炒洋葱及培根调成的酱汁，也是一种烹调方式，像里昂式沙朗牛排，就是将调好的酱汁淋于盘缘，再把配菜料摆放于牛排上。

2 培根是猪肉类，若不吃猪肉可以不用放入；如果没有培根，也可用欧式香肠替换。

3 不吃牛肉，或不使用牛肉汁时，可以用水来替代牛骨酱，或是利用烤猪里脊剩下的汤汁来做酱汁。

纽约客牛排

分量：2人份

材料：纽约客牛排2片（每块350克）
调味料：盐1/4小匙、黑胡椒碎1/8小
匙、橄榄油1大匙
配菜材料：芦笋2根、小番茄2个、蘑
菇2朵、大蒜2瓣（约6克）

BOX 配菜这样做

芦笋削除根部硬皮，切斜段，每朵蘑菇对切两半，每个小番茄去蒂后切对半，大蒜去皮，切片。取平底锅，加入橄榄油1/2大匙，开中火烧热后，放入蒜片炒香，再加入芦笋段、蘑菇、小番茄略微拌炒一下，加入盐1/4小匙、黑胡椒碎1/8小匙调味即可。

∽ 主厨小叮咛 ∽

1 因为纽约客牛排肉质较粗一点，需要先将表面略微煎过再烤，肉质较好吃。

2 纽约客牛排约三至五分熟最好吃，所以烘烤时间不宜过久。

做法：

1 准备烤箱，用上/下火175℃预热6分钟。
2 纽约客牛排剔除筋及肥油【图1、图2】，牛排两面均匀撒上盐及黑胡椒碎后，放室温下静置约10分钟备用，筋及肥油留下制作酱汁。
3 取厚平底煎锅，开中火烧热锅，转小火，倒入橄榄油，放入纽约客牛排，以小火煎约1分钟至表面略微上色，翻面再煎1分钟至表面略微上色，取出。
4 将煎过的纽约客牛排放入已预热好的烤箱，用上/下火175℃烤3分钟，取出，静置5分钟后切条状，置于盘中，放入配菜，再依个人喜好淋上以下的酱汁即可。

多蜜牛排酱

分量：4人份　保存方法：冷藏7天

材料：
A 21页纽约客牛排剔除的筋及全部肥油
B 牛骨酱4大匙（做法见15页）

做法：
厚平底煎锅烧热，放入从牛排剔除下的筋及肥油，用中小火炒香，加入牛骨酱，熬煮至酱汁浓缩呈浓稠状，取出牛筋、肥油，即可。

● **你也可以这样搭**：多蜜牛排酱搭配烤牛肋排，是最经典的牛排吃法。

∽ 主厨小叮咛 ∽

做这道酱汁可用原煎牛排的锅，就可把煎牛排剩余的酱汁当作高汤使用，做出来的酱汁味道会比较鲜美。

鳀鱼奶油酱

分量：2人份　保存方法：冷藏15天

材料：
A 新鲜巴西利10克、大蒜20克、罐头鳀鱼20克
　　酸豆1小匙（约10克）、柠檬1/2个
B 无盐奶油150克

做法：
1 无盐奶油放入干净钢盆中，放室温下静置10分钟，待奶油软化。
2 巴西利切碎，用厨房纸巾吸干多余水分备用。
3 大蒜去皮，与鳀鱼、酸豆分别切碎后，与巴西利碎一起放入奶油钢盆内。
4 挤入柠檬汁，用大汤匙或打蛋器仔细搅拌均匀。
5 将拌好的鳀鱼奶油放在铝箔纸中间，小心地卷成直径约3厘米圆柱形，卷完、整好形后，把铝箔纸两边扭紧，多余的铝箔纸剪掉，放入冰箱冷藏1小时，直到奶油凝固。
6 食用前，将凝固的鳀鱼奶油切成宽约0.7厘米，摆放于烤好的牛排上即可。

● **你也可以这样搭：** 沙朗牛排（17页）、煎带骨牛小排（28页）。在同样配方的鳀鱼奶油酱中另加入2个蛋黄，拌匀后，涂在牛排上，两面微煎或是用上、下火200℃烘烤3分钟，就是纽约牛排另一种传统吃法。除搭配牛排之外，像是蘸面包、烤法国面包也非常好吃。

∞ 主厨小叮咛 ∞

1 鳀鱼奶油的材料都是生的，遇到烤过的肉，香味就会释放出来。
2 奶油要放置室温下使其软化，才容易和其他香料混合均匀。
3 钢盆一定要干净，且不能有水，才不会有细菌滋生。

干邑芥末子奶油酱

分量：2人份　保存方法：冷藏7天

∞ 主厨小叮咛 ∞

1 做这道酱汁可用原煎牛排的锅，利用煎牛排剩余的牛肉汁锅巴，再加入鸡高汤还原成牛肉汁，做出来的酱汁味道比较鲜美。
2 配方中的黄芥末酱主要是增加酱汁的酸性及颜色，若不喜爱略酸的酱汁，也可不用加。
3 调理酱汁时，最后加入奶油拌匀的动作叫"乳化"，主要是让酱汁有滑口的感觉；而乳化过程中，温度非常重要，必须已经熄火降温才可拌入奶油，若持续加温，会产生油水分离的现象，所以无盐奶油还未使用前，要先冰在冰箱内，这样乳化效果比较好。

材料：
A 洋葱1/4头（约60克）、大蒜5瓣（约15克）
　　21页牛排剔除的筋及肥油全部
B 鸡高汤（或水）100毫升、白兰地100毫升
　　法式芥末子酱1大匙、黄芥末酱1小匙、鲜奶油100毫升
　　盐1/4小匙、白胡椒粉1/8小匙、无盐奶油10克

做法：
1 洋葱、大蒜分别去皮后切碎备用。
2 厚平底煎锅烧热，放入从牛排剔除下的筋及肥油，用中小火炒香后，加入洋葱碎、大蒜碎继续拌炒至金黄色，加入鸡高汤，用中小火煮至酱汁浓缩成1/4量后，取出牛筋、肥油。
3 再依序加入白兰地、法式芥末子酱、黄芥末酱及鲜奶油，用小火继续熬煮呈浓稠状后熄火。
4 加入盐、白胡椒粉调味后，再加入无盐奶油乳化拌匀。可用黄芥末酱装饰。

● **你也可以这样搭：** 沙朗牛排（17页）。干邑芥末子奶油酱是属于油脂较重的酱汁，适合搭配高纤蔬菜或是少油脂的肉类、海鲜，像是沙朗、鸡肉、芦笋等，也非常适合烩海鲜、蒸白肉鱼或是鸡胸等菜色。

菲力牛排

分量：2人份

荷兰酱

分量：2人份　保存方法：当天制作当天食用

材料：

A 蛋黄4个、柠檬1个

B 无盐奶油200克、盐1/4小匙
　　白胡椒粉1/8小匙、冷开水2大匙

∽ 主厨小叮咛 ∽

1 制作这道酱汁建议用不锈钢厚平底煎锅，如果
　没有或是使用的锅底太薄，可以改用一大一小
　的打蛋盆，以隔水加热的方式，只是需要较久
　的制作时间。

2 融化的奶油要分次慢慢加入，不然会无法吸
　收，做出来的酱汁黏稠度不够。

3 酸性食材像是柠檬汁要最后加，不然会无法打
　发蛋黄。

4 如果要味道重一点，可再加入切碎的大蒜及黑
　胡椒碎。

材料： 菲力牛排2块（每块约115克）

调味料： 盐1/4小匙、黑胡椒碎少许、橄榄油2大匙

做法：

1. 菲力牛排两面均匀抹上盐及黑胡椒碎，再抹上1大匙橄榄油后，放室温下静置10分钟。

2. 取厚平底煎锅，开中火烧热后，转小火，倒入1大匙橄榄油，放入菲力牛排，以小火煎2分钟，翻面再煎2分钟，插入探针式温度计至肉的中心处，中心温度约50℃，取出，静置3分钟后切块，置于盘中，依个人喜好淋上以下的酱汁，再以百里香装饰。

∞ **主厨小叮咛** ∞

1. 菲力的油脂较少，撒上盐、黑胡椒碎后再抹上橄榄油，可以让肉吸收油脂，表面也因为有一层油脂，而不会风干、减少水分。

2. 任何牛排选厚度约3厘米、宽5厘米，这个大小是可以直接煎熟，再大就必须先煎再烤。

3. 煎任何牛排时，火愈小愈好，以免煎的过程水分流失。

4. 煎好的菲力牛排静置的目的是，为了让肉的温度能够均匀散布及松弛肉质，让口感更绵密。

做法：

1. 无盐奶油放入厚平底煎锅中，以小火加热至80℃，煮至奶油融化且乳脂分离后熄火备用【图1】。

2. 盐、白胡椒粉、蛋黄、水放入另一厚平底煎锅中，开最小火（越小越好），不断地用打蛋器以顺时钟均匀的搅拌蛋黄，直至发泡状后熄火【图2】，趁有余温，温度不再上升时继续搅拌。

3. 将做法1融化的奶油分次慢慢地倒入做法2的蛋黄酱中（沉淀的乳脂勿倒入）【图3】，加入的过程中需用打蛋器不停搅拌至奶油与蛋黄融为一体，再挤入柠檬汁拌匀即可【图4】。

● **你也可以这样搭：** 纽约客牛排（20页）。水波蛋加上荷兰酱，再搭配煎火腿或是炒菠菜就是传统的班尼狄克蛋。

蘑菇红葱头红酒酱

分量：2 人份　保存方法：冷藏 7 天

材料：
A 蘑菇180克、红葱头60克
B 红酒200毫升、盐少许、无盐奶油15克

做法：
1 蘑菇每朵切成4等分；红葱头去皮。
2 厚平底煎锅烧热，转小火，放入红葱头，用小火炒上色，再加入蘑菇块炒香，待蘑菇水分炒干后，加入红酒，煮至酱汁剩约3大匙的量，熄火。
3 加入盐调味，再放入无盐奶油乳化均匀即可。

● **你也可以这样搭：** 纽约客牛排（20页）、汉堡排（40页）。

● **你也可以这样搭：** 纽约客牛排（20页）、汉堡排（40页）。

∾ 主厨小叮咛 ∾

1 蘑菇红葱头红酒酱和绿胡椒酱可用原煎牛排的锅，就可把煎牛排剩余的酱汁加少许水当作高汤使用，做出来的酱汁味道比较鲜美。
2 炒蘑菇时可以利用蘑菇产生的水分，把锅缘焦黑的部分煮掉，酱汁也会带有特殊的香味。无盐奶油要冰在冰箱保存，不需要先拿出软化。

绿胡椒酱

分量：2 人份　保存方法：冷藏 7 天

∾ 主厨小叮咛 ∾

1 法式面酱勿一次加入太多，必须视酱汁的浓稠度，不够浓可再适量加入调整。此外，酱汁中加入鲜奶油，感觉会比较滑口，而且颜色也会漂亮，家中若没有也可不加。
2 奶油不能放到完全软化，否则不容易与面粉搅拌均匀。

材料：
A 培根4条、洋葱1/4头（约60克）、大蒜30克
　　红葱头30克
B 无盐奶油10克、低筋面粉10克
C 绿胡椒粒1大匙、白兰地100毫升、鸡高汤（或水）4大匙
D 盐1/2小匙、鲜奶油1大匙

做法：
1 无盐奶油放在室温下约10分钟，待稍微软化后，加入低筋面粉，用手混合均匀成法式面酱备用。
2 培根切碎；洋葱、大蒜及红葱头分别去皮后切碎。
3 厚平底煎锅烧热，转小火，放入培根碎，以小火炒熟，再依序加入大蒜碎、红葱头碎、洋葱碎炒香后，加入绿胡椒粒拌炒1分钟，加入白兰地及鸡高汤，煮至酱汁剩约1/2的量。
4 加入盐调味后，加入做法1的法式面酱1/2大匙，以顺时钟方向将面酱与酱汁拌匀至浓稠状，起锅前加入鲜奶油再次拌匀即可。

● **你也可以这样搭：** 纽约客牛排（20页）、菲力牛排（24页）、慢烤肋眼牛排（30页）、烧烤无骨牛小排（38页）。绿胡椒酱除了搭配牛排外，鸡肉与羊排也都很合适。像是绿胡椒烤春鸡可用同样的做法，只要将烤鸡汁过滤与同等量红酒加入一同浓缩即可。

● **你也可以这样搭：** 纽约客牛排（20页）、菲力牛排（24页）、慢烤肋眼牛排（30页）、烧烤无骨牛小排（38页）。

煎带骨牛小排

分量：2人份

材料：
带骨牛小排6块（每块150克）
大蒜5瓣（约15克）

调味料：
A 盐1/4小匙
黑胡椒碎1/8小匙
梅林酱油1小匙、冷开水100毫升
细砂糖1/4小匙
B 橄榄油1大匙

BOX 配菜这样做
半干番茄2个（做法见57页半干番茄罗勒酱）

做法：
1 大蒜去皮、切碎后，与所有调味料A混合拌匀备用。
2 牛小排擦干水分后，加入做法1拌好的调味料拌匀，放入冰箱冷藏腌渍一晚。
3 取厚平底煎锅，开中火烧热锅，加入橄榄油，放入腌好的牛小排，两面各煎约1分钟，取出置于盘中，放入半干番茄，再依个人喜好淋上以下的酱汁，以香菜装饰即可。

∞ 主厨小叮咛 ∞

1 腌过的牛排，煎好即可盛盘上桌，不需要静置。
2 牛小排约七分熟是最好吃的。

培根红酒酱

分量：2人份　保存方法：冷藏7天

● **你也可以这样搭：**菲力牛排（24页）、慢烤肋眼牛排（30页）、烧烤无骨牛小排（38页）、汉堡排（40页）。

材料：
A 培根6片、洋葱1/4头（约60克）、大蒜30克
B 橄榄油1/2大匙、番茄糊1小匙、红酒200毫升

做法：
1 培根切1厘米宽片；洋葱去皮切碎；大蒜去皮切片。
2 取厚平底煎锅，开中火烧热锅，倒入橄榄油，放入培根片、洋葱碎及大蒜片炒香后，转小火，加入番茄糊拌炒均匀，再倒入红酒，继续用小火煮沸后，放入煎好的牛小排，两面各煮约1分钟后取出，排盘。
3 酱汁煮至浓缩成1/2量即可。

法式奶油酱

分量：2人份　保存方法：当天制作当天食用

材料：
A 干燥茵陈蒿1/2小匙、红葱头5个（约15克）
　蛋黄4个、柠檬1个
B 无盐奶油200克、白酒80毫升、盐1/4小匙
　白胡椒粉1/8小匙

做法：
1 无盐奶油放入锅中，以小火加热至80℃，煮至奶油融化且乳脂分离后熄火备用。
2 红葱头去皮后切碎；柠檬挤汁。
3 取厚平底煎锅，加入白酒、一半的茵陈蒿碎及红葱头碎，用中火煮至酱汁剩1/2量后，过滤残渣，取香料白酒待用。
4 盐、白胡椒粉、蛋黄及做法3过滤的香料白酒放入另一厚平底煎锅中，开最小火（越小越好），不断地用打蛋器顺时钟均匀的搅拌蛋黄，直至发泡状后熄火，趁有余温，温度不再上升时继续搅拌。
5 将做法1融化的奶油分次慢慢地倒入做法4的蛋黄酱中（沉淀的乳脂勿倒入），加入的过程中需用打蛋器不停搅拌至奶油与蛋黄融为一体，再挤入柠檬汁，加入另一半茵陈蒿，食用前拌匀即可。

∽ 主厨小叮咛 ∽
1 若有新鲜的茵陈蒿也可以使用，分量是10克。
2 制作这道酱汁建议使用不锈钢厚平底煎锅，如果没有或是使用的锅底太薄，可以改用一大一小的打蛋盆，以隔水加热的方式，只是需要较久的制作时间。
3 酸性食材像是柠檬汁要最后加，不然会无法打发蛋黄。

● **你也可以这样搭：** 慢烤肋眼牛排（30页）、烧烤无骨牛小排（38页）、香烤带骨猪排（48页）、烧烤猪里脊（50页）、烤培根里脊卷（56页）、烤羊排（63页）、烤羊里脊（66页）、香烤鸡胸（68页）。水煮海鲜也很适合这道酱汁。

香葱白兰地酱

分量：2人份　保存方法：冷藏7天

材料：
A 红葱头30克、大蒜30克、青葱1根
B 橄榄油1/2大匙、黑胡椒碎1/8小匙
　番茄糊1小匙、白兰地50毫升
　水2大匙、盐1/4小匙

∽ 主厨小叮咛 ∽
1 把煎好的牛小排再放回酱汁煮过，是因为带骨的牛小排骨缝处不容易熟，有时还带有血水，先煎后煮的牛小排比较容易熟透，而且也可以让酱汁中增加牛肉汁的香气。
2 培根红酒酱和香葱白兰地酱可用原煎牛排的锅，就可把煎牛排剩余的酱汁当作高汤使用，做出来的酱汁味道比较鲜美。

做法：
1 红葱头、大蒜分别去皮后切碎；青葱切葱花。
2 取厚平底煎锅，开中火热锅，倒入橄榄油，加入红葱头碎、大蒜碎、葱花及黑胡椒碎炒香后，转小火，加入番茄糊拌炒均匀，再倒入白兰地及水，继续用小火煮沸后，放入煎好的牛小排，两面各煮约1分钟后取出，排盘。
3 酱汁煮至浓缩成1/2量，加入盐调味。可用葱丝装饰。

● **你也可以这样搭：** 菲力牛排（24页）、慢烤肋眼牛排（30页）、烧烤无骨牛小排（38页）、厚切火腿（60页）、香烤鸡胸（68页）。

慢烤肋眼牛排

分量：4人份

红酒牛肉原汁

分量：4人份　保存方法：冷藏 7 天

材料：

A 31页烤肋眼牛排的酱汁及蔬菜料全部

B 牛骨酱100毫升（做法见15页）、红酒200毫升
　　月桂叶2片、丁香3个、盐1/4小匙
　　细砂糖1/4小匙

材料：肋眼牛排1整块（约1千克）、
　　　洋葱1头（约250克）、胡萝卜
　　　1/2根（约125克）、西芹3根
　　　（约240克）、新鲜迷迭香1
　　　根、新鲜百里香1根、大蒜30克

调味料：

A 黄芥末酱1大匙
　　法式芥末子酱1大匙

B 色拉油1大匙、盐1/2大匙
　　黑胡椒碎1/4大匙
　　水300毫升（或更多）

做法：

1 准备烤箱，用上/下火145℃预热6分钟。

2 洋葱去皮后切圆圈片；胡萝卜切圆片；西芹撕除老筋，切大丁；三种蔬菜料及迷迭香、百里香排放在铺有铝箔纸的烤盘上。

3 大蒜去皮后切碎，加入黄芥末酱、法式芥末子酱混合拌匀成抹酱备用。

4 取厚平底煎锅，开中火烧热锅，加入色拉油，放入肋眼牛排，把四面各煎约1分钟上色后，取出，移至铺有蔬菜料的烤盘上。

5 抹酱均匀地涂抹于煎好的牛肉表面，再撒上盐及黑胡椒碎，加水后，移入预热好的烤箱，用上/下火145℃烘烤1小时30分后，插入探针式温度计至肉的中心处，中心温度约52℃，取出【如下图】，静置20分钟，切片排盘，再依个人喜好淋上以下的酱汁即可。

∽ **主厨小叮咛** ∽

1 烘烤牛肉之前先把表面煎上色，主要目的是为了将肉汁锁在肉里面。

2 烘烤过程中，如果水量不足会导致蔬菜烤焦，建议每30分钟检查一次，水分烤干时，再补上少许水，并将牛肉左右对调，才不会烤焦，而且牛肉的熟度也会比较平均。

3 测量肉的中心温度不足时，需再放入烤箱烘烤，并修正烤箱温度及时间。

4 烤好的牛肉要静置是因为血水受热会集中在中心，静置可以让肉汁释放到肉中，吃起来会比较湿润。

5 本道是用1千克肋眼，是正好家中烤箱可容纳的重量。

6 肋眼牛排约五至七分熟是最好吃的。

做法：

1 将烤肋眼牛排的酱汁及蔬菜料倒入厚平底煎锅中，加入牛骨酱，用小火熬煮约6分钟，过滤掉蔬菜渣，留酱汁，捞除表层油脂。

2 另取一厚平底煎锅，倒入红酒，开中大火，把酒精燃烧挥发掉，并煮至浓缩成1/3量。

3 将浓缩的红酒加入做法1的牛肉原汁里，加入月桂叶、丁香，用小火煮5分钟后过滤取汁，再加入盐、细砂糖调味即可。

● **你也可以这样搭**：简易式威灵顿牛肉（34页）、香烤带骨猪排（48页）、烤羊里脊（66页）。

∽ **主厨小叮咛** ∽

这酱汁是把牛肉原汁加香料来调味，再搭配上红酒，以增加酱汁的香气。有些红酒浓缩后酸性过重，不会转甜，并不太适合做酱汁，但若加入少许糖，就可以中和酸性，不过糖也不适合加过多，过多味道不正。

法式芥末子酱

分量：4人份　保存方法：冷藏7天

材料：

A 31页烤肋眼牛排的酱汁及蔬菜料全部
B 牛骨酱100毫升（做法见15页）
　　法式芥末子酱1大匙
　　鲜奶油10毫升

做法：

1 将烤肋眼牛排的酱汁及蔬菜料倒入厚平底煎锅中，加入牛骨酱，用小火熬煮约6分钟，过滤掉蔬菜渣，留酱汁，捞除表层油脂。

2 加入法式芥末子酱及鲜奶油，用中火煮沸后熄火即可。

∽ 主厨小叮咛 ∽

在熬煮烤牛排的酱汁及蔬菜料后，务必要把表层油脂捞干净，以免煮好的酱汁油脂过多。

● **你也可以这样搭：**简易式威灵顿牛肉（34页）、香烤带骨猪排（48页）、烤羊里脊（66页）、煎樱桃鸭胸（74页）、煎鲈鱼（82页）、酥皮烤蘑菇土豆佐红酒奶油酱（127页）。法式芥末子酱可制作多种不同酱汁，这道配方，加了烤牛肉原汁一起熬煮，颜色呈现淡褐色，适合搭配各式肉类食用。

黑松露蕈菇酱

分量：4人份　保存方法：冷藏7天

∽ 主厨小叮咛 ∽

1 黑松露不适合太重的调味，像酱汁内就不宜放入大蒜。

2 超市卖的黑松露酱品质不一，建议到专卖欧洲调味料的商店购买，如果买不到，可在酱汁内加入松露油，也是不错的替代方法。

材料：

A 蘑菇120克、生香菇6朵（约80克）
　　洋葱1/4头（约60克）
　　31页烤肋眼牛排的酱汁及蔬菜料全部
B 牛骨酱100毫升（做法见15页）、无盐奶油10克
　　黑松露酱1小匙（约10克）、盐1/4小匙

做法：

1 蘑菇、生香菇分别切片；洋葱去皮后切碎备用。

2 将烤肋眼牛排的酱汁及蔬菜料倒入厚平底煎锅中，加入牛骨酱，用小火熬煮约6分钟，过滤掉蔬菜渣，留酱汁，捞除表层油脂。

3 取厚平底煎锅，开中火热锅，加入无盐奶油，放入蘑菇片、生香菇片炒香，再加入洋葱碎拌炒成金黄色后，倒入做法2的牛肉原汁，用小火煮约5分钟，加入黑松露酱及盐调味即可。

● **你也可以这样搭：**简易式威灵顿牛肉（34页）、汉堡排（40页）、香烤带骨猪排（48页）、烤羊排（62页）、煎樱桃鸭胸（74页）、香蒜橄榄油煎三文鱼（90页）、炒带皮土豆衬水波蛋佐咖哩酸奶（126页）。这道酱汁也非常适合当作意大利饺的搭配酱汁或是配兔肉、野鸭或是鹿肉等野味。

简易式 威灵顿牛肉

分量：2 人份

材料：菲力牛排2块（每块100克）、蘑菇4朵（约80克）、大蒜4瓣（约12克）、红葱头4个（约12克）、市售冷冻起酥片2片、鸡蛋1个

调味料：盐1/4小匙、黑胡椒碎1/8小匙、橄榄油1/2大匙

配菜材料：半干番茄2个（做法见57页半干番茄罗勒酱）

做法：

1 菲力牛排两面均匀撒上盐及黑胡椒碎后，放室温下静置约10分钟。

2 蘑菇切片；大蒜、红葱头分别去皮后切碎；蛋去壳，打散备用。

3 取厚平底煎锅，开中火烧热锅，加入橄榄油，转大火，放入菲力牛排，两面各煎约30秒至上色后，取出备用。

4 取原锅，放入蘑菇片、大蒜碎及红葱头碎，以中火炒香，取出备用。

5 准备烤箱，用上/下火210℃预热6分钟。

6 取一片起酥皮，先把一半的做法4炒蘑菇料铺放在中间【图1】，再放上一块菲力牛排【图2】，再把起酥片2个对角往中间内折【图3】，另外2个角同样往中间内折【图4】，翻面，摺口朝下排放在烤盘上，涂上蛋液【图5】，移入预热好的烤箱，用上/下火210℃烘烤6分钟，取出，放上半干番茄，再依个人喜好淋上以下的酱汁，用茴香装饰。

① ② ③ ④ ⑤

意大利干葱甜酒酱

分量：2人份　保存方法：冷藏7天

材料：

A 红葱头30克、大蒜30克
B 红酒250毫升
意大利陈年老醋2大匙
细砂糖2大匙

做法：

1 准备烤箱，用上/下火210℃预热6分钟。

2 红葱头、大蒜去皮，擦净后，放入预热好的烤箱，用上/下火210℃烤5分钟后取出。

3 所有材料放入厚平底煎锅中，用小火煮沸即可。

● **你也可以这样搭：**米兰猪排（58页）、烤羊排（62页）。

威士忌蘑菇奶油酱

分量：2人份　保存方法：冷藏7天

材料：
A 蘑菇120克、红葱头20克
B 无盐奶油10克、法式芥末子酱1大匙
　黄芥末酱1小匙、威士忌2大匙、鲜奶油2大匙
　盐1/4小匙、黑胡椒碎1/8小匙

做法：
1 蘑菇切片；红葱头去皮后切碎。
2 取厚平底煎锅，开中火热锅，放入无盐奶油，加入红葱头碎、蘑菇片炒香后，转小火，加入法式芥末子酱、黄芥末酱、威士忌及鲜奶油，煮沸，再加入盐、黑胡椒碎调味即可。

● **你也可以这样搭：** 纽约客牛排（20页）、烤培根里脊卷（56页）。

∞ **主厨小叮咛** ∞

这道酱汁是利用威士忌酒的香气，加入的量不多，再加上搭配蘑菇等材料，酒精已稀释掉，可以放心食用。

彩椒香料酱

分量：2人份　保存方法：冷藏7天

∞ **主厨小叮咛** ∞

若没有新鲜的俄力冈，可用干燥品代替，分量约1/2小匙。

材料：
A 红甜椒1/2个、黄甜椒1/2个
　洋葱1/4头（约60克）
　大蒜20克、新鲜巴西利10克
　新鲜俄力冈1小根
B 意大利陈年老醋2大匙
　橄榄油1大匙、盐1/2小匙

做法：
1 红甜椒、黄甜椒去子及囊后，切丁；洋葱、大蒜去皮后切碎；巴西利、俄力冈香料擦干水分后切碎。
2 所有材料放入干净钢盆内，搅拌均匀后放入冰箱冷藏一个晚上即可。

● **你也可以这样搭：** 烧烤无骨牛小排（38页）、烤培根里脊卷（56页）。

烧烤无骨牛小排

分量：4人份

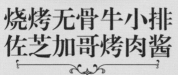

烧烤无骨牛小排佐芝加哥烤肉酱

分量：4人份　保存方法：冷藏7天

∽ 主厨小叮咛 ∽

1 加可乐，做酱汁是取其甜度，但在腌肉过程里，有软化肉质的效果。

2 烤好的牛肉取要静置是因为血水受热会集中在中心，静置可以让肉汁释放到肉中，吃起来会比较湿润。

3 无骨牛小排约七分熟是最好吃的。

材料：

A 无骨牛小排600克

B 大蒜50克

　青葱2根

　可乐1罐（约375毫升）

　烤熟白芝麻1大匙

调味料：

A 酱油2大匙

　黑胡椒碎1小匙

　香油2大匙

B 橄榄油1大匙

做法：

1 无骨牛小排剔除筋膜后，切约10厘米宽的长条状。

2 大蒜去皮，切片；青葱切葱花。

3 材料B放入干净钢盆中，加入所有调味料A拌匀，放入无骨牛小排浸泡，移入冰箱冷藏腌渍一晚。

4 准备烤箱，用上/下火185℃预热6分钟。

5 取厚平底煎锅，开大火烧热锅，加入橄榄油，放入腌好的牛小排，两面各煎1分钟至上色后，取出铺放于烤盘上，再放入预热好的烤箱，用上/下火185℃烘烤约6分钟后，插入探针式温度计至肉的中心处，中心温度约56℃，取出，静置6分钟，再切片排盘。

6 将腌肉酱汁料倒入煎牛小排的厚平底煎锅中，用小火煮沸至浓缩成1/2量，再以葱花装饰。

● **你也可以这样搭：**纽约客牛排（20页）、烤培根里脊卷（56页）、烤羊排（62页）。

烧烤无骨牛小排
佐白兰地番茄烤肉酱

分量：4人份　保存方法：冷藏7天

材料：

A　无骨牛小排600克
B　番茄2个（约250克）
　　洋葱半头（约120克）、大蒜20克
　　新鲜迷迭香5克、香菜10克

调味料：

A　白兰地100毫升、番茄酱4大匙、红糖2大匙
　　橄榄油1大匙、盐1/2小匙
　　黑胡椒碎1小匙
B　橄榄油1大匙

做法：

1　无骨牛小排剔除筋膜后，切约10厘米宽的长条状。

2　番茄去除蒂、皮后洗净，切碎；洋葱、大蒜分别去皮，切碎；迷迭香、香菜擦干水分后切碎备用。

3　材料B放入干净钢盆中，加入所有的调味料A拌匀，放入无骨牛小排浸泡，移入冰箱冷藏腌渍一晚。

4　准备烤箱，用上/下火185℃预热6分钟。

5　取厚平底煎锅，开大火烧热锅，加入橄榄油，放入腌好的牛小排，两面各煎1分钟至上色后，取出铺放于烤盘上，再放入预热好的烤箱，用上/下火185℃烘烤约6分钟后，插入探针式温度计至肉的中心处，中心温度约56℃，取出，静置6分钟，再切片排盘。

6　将腌肉酱汁料倒入锅中，用小火煮沸至浓缩成1/2量即可。

● **你也可以这样搭：** 纽约客牛排（20页）、烤培根里脊卷（56页）、烤羊排（62页）。鸡腿或猪里脊可用同样的方式烹调，也很适合。

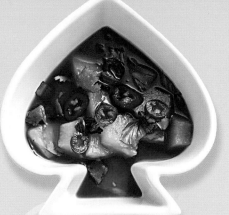

烧烤无骨牛小排
佐罗勒菠萝烤肉酱

分量：4人份　保存方法：冷藏7天

材料：

A　无骨牛小排600克
B　菠萝罐头1小罐（约240克）、红辣椒1根
　　罗勒10克、香菜10克

调味料：

A　盐1/2小匙、黑胡椒碎1/4小匙
　　橄榄油1大匙
B　丁香6个、番茄酱300克
　　Tabasco辣椒水适量、细砂糖1大匙
　　白酒醋 1大匙

做法：

1　无骨牛小排剔除筋膜后，切约10厘米宽的长条状，均匀撒上盐及黑胡椒碎后，放室温下腌约10分钟。

2　准备烤箱，用上/下火185℃预热6分钟。

3　取厚平底煎锅，开大火烧热锅，加入橄榄油，放入腌好的牛小排，两面各煎1分钟至上色后，取出铺放于烤盘上，再放入预热好的烤箱，以上/下火185℃烘烤约6分钟后，插入探针式温度计至肉的中心处，中心温度约56℃，取出，静置6分钟，再切片排盘。

4　每片罐头菠萝切成8等分，留菠萝汁；红辣椒切圆片；罗勒、香菜分别擦干水分，切粗碎。

5　所有材料B及调味料B倒入锅中，用小火煮沸至浓缩成1/2量即可。

● **你也可以这样搭：** 纽约客牛排（20页）、烤培根里脊卷（56页）、烤羊排（62页）。

〰〰 **主厨小叮咛** 〰〰

辣椒水的添加，可随个人喜好调整。

汉堡排

分量：6人份

材料：牛肉馅1千克、洋葱1头（约250克）、鸡蛋4个

调味料：无盐奶油1大匙、豆蔻粉1/2小匙、黑胡椒碎10克、盐10克、橄榄油少许

做法：

1 洋葱去皮，切碎；鸡蛋打入碗中，不需要打散。
2 取厚平底煎锅，加入无盐奶油，开中小火，放入洋葱碎炒成金黄色后，取出冷却备用。
3 准备烤箱，用上/下175℃预热6分钟。
4 牛肉馅放入干净钢盆内，加入鸡蛋、豆蔻粉、黑胡椒碎、盐及冷却的洋葱碎，混合搅拌均匀，再把拌好的肉馅，用力摔打约10分钟，甩至黏性出来即成汉堡肉。
5 汉堡肉分成6等分，每一等分放在手掌上，再用双手上下摔打10次，让汉堡肉更扎实，再按压成圆扁状。
6 取厚平底煎锅，开中火烧热锅，加入橄榄油，放入汉堡肉，一面煎约1分半钟至上色后翻面，再煎1分半钟至上色后取出，放置于烤盘上。
7 将煎过的汉堡排放入预热好的烤箱，用上/下火175℃烘烤10分钟，取出，插入探针式温度计至肉的中心处，中心温度须达60℃，排盘，再依个人喜好淋上以下的酱汁，再以百里香装饰。

∞ 主厨小叮咛 ∞

1 选购牛肉馅时，请以油脂最佳比例20%～25%为选购原则，或是可买新鲜的牛梅花肉绞碎最好。如果是冷冻的牛肉馅则要静置一晚，让血水流出来。
2 做汉堡排时，鸡蛋不需要先打散，主要是确认鸡蛋有没有坏掉。
3 煎汉堡排时不要翻来翻去，先煎一面至定型再翻面。
4 汉堡排烤至中心温度60℃为八分熟，若要全熟，中心温度需达到72℃以上。

德式咖喱酱

分量：6人份　保存方法：冷藏7天

材料：

番茄酱1杯（约250克）

印度咖喱粉1大匙（约20克）

牛骨酱125毫升（做法见15页）

做法：

取厚平底煎锅，放入所有材料，拌匀，用中火煮沸即可。

● **你也可以这样搭**：杏桃镶猪柳（52页）、酥炸鸡柳条（72页）。德式咖喱酱除了汉堡外，德国香肠、烤鸡或是炸鱼都可以搭配食用。

∞ 主厨小叮咛 ∞

各品牌的咖喱粉味道都不相同，可以自己另外适度添加香料，增加味道，例如豆蔻粉、小茴香粉、肉桂粉、丁香等，咖喱就会有另一个层次的味道。

三色胡椒酱

分量：6人份　保存方法：冷藏7天

材料：

A 培根3片、红葱头30克、大蒜30克

B 橄榄油1/2大匙、三色胡椒粒1大匙、红酒100毫升
牛骨酱200毫升（做法见15页）、盐1/4小匙

做法：

1 培根切小块；红葱头、大蒜分别去皮后，切碎备用。

2 取厚平底煎锅，开中火热锅，加入橄榄油，放入培根块
炒香后，加入红葱头碎及大蒜碎炒香，再加入三色胡
椒粒拌炒匀，倒入红酒，用中火煮至汤汁浓缩剩1/2的
量，再加入牛骨酱，煮沸后转小火，再煮2分钟。

3 加入盐调味即可熄火。

● **你也可以这样搭**：菲力牛排（24页）、杏桃镶猪柳（52
页）。

∞ 主厨小叮咛 ∞

三色胡椒各有辛、香、辣味，这
里把三种味道结合在一起，是肉
类的最佳搭配酱汁之一；胡椒粒
的搭配比例可以随性自我调整，
但基本以红、绿为主，再搭配黑
或白即可。

焦糖洋葱
红酒酱

分量：6人份　保存方法：冷藏7天

∞ 主厨小叮咛 ∞

1 焦糖洋葱红酒酱的原文为
Onion Marmalade，是用做
果酱的方式演变成酱料做法。
如果不喜爱甜味的洋葱酱，可
在配方中加入意大利陈年老醋
来中和甜度。

2 煮焦糖时不宜搅拌，当受热不
匀时，只要轻轻拿起锅转动一
下，受热就会较为均匀；另
外，当糖完全融化时，才可加
入其他配料，否则温度降低糖
会结成坚硬糖块，这时煮也煮
不化了。

材料：

A 洋葱1头（约250克）

B 细砂糖2大匙
红酒200毫升
牛骨酱100毫升（做法见15页）
盐1/4小匙
鲜奶油1/2大匙
无盐奶油10克

做法：

1 洋葱去皮，切粗圈状。

2 取厚平底煎锅，加入细砂糖，开中火，慢慢
搅拌煮成焦糖状后转小火，立刻加入洋葱圈
拌炒至焦糖均匀附着在上面。

3 再倒入红酒，煮至汤汁浓缩剩约1/3量后，
加入牛骨酱煮沸，再加入盐调味后熄火。

4 加入鲜奶油、无盐奶油乳化拌匀即可。

● **你也可以这样搭**：杏桃镶猪柳（52页）、煎樱
桃鸭胸（74页）。煎小牛肉或烤鸡翅也适合搭
配焦糖洋葱红酒酱。

勃根地红酒牛肉

分量：6人份

材料：

A 牛肋条肉1千克
　洋葱1头（约250克）、西芹4根
　胡萝卜2根（约500克）
　新鲜百里香1小根、月桂叶4片
B 蘑菇12朵、红葱头25克
　新鲜巴西利10克

调味料：

A 勃根地红酒1瓶（约750毫升）
　低筋面粉1杯
B 橄榄油3大匙
　牛骨酱500毫升（做法见15页）
　盐1小匙、黑胡椒碎1/4小匙

∽ 主厨小叮咛 ∽

1 传统的勃根地红酒牛肉是一道耗时
费工的料理，这里做法简化，不妨
试试看。并搭配水煮土豆或法国面
包，才够地道。

2 牛肋条肉就是俗称的牛腩条肉。

3 在炖煮牛肉的过程中，若汤汁蒸发
太快，须加适量开水补充，以免煮
干而烧焦。

4 牛肉块先煎过再炖，是为了保持肉
块的完整性，若未煎过的肉块，炖
煮久了，肉质容易糊化。

5 若没有新鲜的百里香，可用干燥品
约1/2小匙取代。

做法：

1 牛肋条肉切成4厘米见方的块状；洋葱去皮
后，切大块片状；西芹撕除老筋后，切大丁
状；胡萝卜去皮，切大块状。

2 蘑菇每朵切十字刀成4等分；红葱头去皮；巴
西利擦干水分后切碎。

3 牛肉块、洋葱片、西芹丁、胡萝卜块、百里香
及月桂叶全部放入干净钢盆内，倒入一整瓶红
酒后，放入冰箱冷藏腌渍一晚。

4 取出腌好的牛肉块，均匀地沾裹上面粉，剩余
腌渍材料过滤，把蔬菜料与红酒汁分开。

5 取平底深炖锅，开中火烧热锅，加入2大匙橄
榄油，转大火，放入牛肉块，煎至牛肉表面微
焦后取出。

6 做法4的腌渍蔬菜料放入做法5的炖锅中，用中
火炒透，再放回牛肉块，倒入做法4腌牛肉的
红酒汁，用中火煮沸后捞除杂质，再转小火，
炖煮约2小时，待牛肉软嫩时，取出牛肉块及
蔬菜料，汤汁留下备用。

7 另取厚平底煎锅，加入1大匙橄榄油，开中
火，放入蘑菇块及红葱头炒香，倒入做法6的
炖锅中，加入牛骨酱，用小火煮10分钟，加盐
及黑胡椒碎调味即成酱汁。

8 食用时，牛肉块及蔬菜料放入酱汁内，用小火
煮沸约10分钟后，撒上巴西利碎，再以百里香
装饰即可。

慕尼黑啤酒炖牛肉

分量：6人份

✺ 主厨小叮咛 ✺

1. 在炖煮牛肉的过程中，若汤汁蒸发太快，须加适量开水补充，以免煮干而烧焦。
2. 这是一道德式料理，利用德国特有的啤酒，烹煮出特有的巴伐利亚美食。而且加啤酒除了能让肉质变软，也可把肉的杂质带出来，所以炖煮过程需随时捞除泡沫。而且在煮的过程啤酒味会煮掉，但肉和汤汁中仍会带有麦香味。

材料：

A 牛肋条肉1千克
土豆4个（约1千克）
胡萝卜2根（约500克）
西芹4根
德国啤酒2瓶（1瓶375毫升）

B 月桂叶2片
新鲜巴西利20克

调味料：

A 凯莉茴香葛缕子1小匙
干燥牛膝草1小匙

B 橄榄油2大匙、盐1小匙
黑胡椒碎1/4小匙

做法：

1. 牛肋条肉切成4厘米见方的块状；土豆、胡萝卜分别去皮，切大块状；西芹撕除老筋后，切大丁状；巴西利擦干水分后，切碎备用。
2. 牛肉块放入干净钢盆内，倒入2瓶啤酒后，放入冰箱冷藏一晚，取出牛肉块，啤酒留下备用。
3. 取一酱汁深锅，开大火烧热锅，加入橄榄油，放入牛肉块炒至表面上色后，加入材料A的蔬菜料、月桂叶及调味料A的所有香料，用中火炒香，再倒入啤酒及1000毫升水，用大火煮沸后捞除杂质，转小火，炖煮约2小时，待牛肉软嫩时，加入盐、黑胡椒碎调味后，再加入巴西利碎即可。

酥皮甜酒炖牛肉

分量：6人份

材料：
A 牛肋条肉1千克
　洋葱1头（约250克）
　土豆6个
　胡萝卜2根（约500克）
　西芹4根、红葱头60克
　橙子1个、月桂叶2片
　蛋黄1个
B 低筋面粉120克
　高筋面粉80克
　无盐奶油140克
　蛋黄50克
　鲜奶30克、细砂糖25克
　盐5克、泡打粉4克

调味料：
A 低筋面粉1杯
　牛骨酱500毫升（做法见15页）
　君度香橙甜酒250毫升
B 橄榄油2大匙、盐1小匙
　黑胡椒碎1/4小匙

做法：

1 牛肋条肉切成4厘米见方的块状；洋葱去皮，切大丁状；土豆和胡萝卜分别去皮，切大块状；西芹撕除老筋后，切大丁状；红葱头去皮后切碎；橙子取下皮，切碎；蛋黄打散备用。

2 取酱汁深锅，开大火烧热锅，加入橄榄油，牛肉块均匀地沾裹上面粉后放入锅里，待表面煎至上色后，取出备用。

3 用做法2的锅，放入洋葱丁、红葱头碎、蔬菜料及月桂叶，用中火炒香后，倒入牛骨酱及500毫升水，再放入煎好的牛肉块，用中火煮沸后捞除杂质，转小火，炖煮约2小时，待牛肉软嫩时，加入香吉士皮碎及香橙甜酒煮10分钟，再加入盐、黑胡椒碎调味，即可盛于焗烤碗内备用。

4 材料B的面粉全部过筛，放在干净的台面上筑成粉墙，中间放入其余材料，用手慢慢混压均匀成团后，放入冰箱静置发酵40分钟。

5 准备烤箱，用上/下火200℃预热6分钟。

6 取出面团，放在干净的台面上，用擀面棍擀成厚度约0.3厘米派皮，再铺于盛有炖肉的焗烤碗表面，沿着烤碗表面修掉多余部分，并用叉子按压表面，让派皮固定在烤碗上，表面涂抹上一层蛋黄液，再以花纹装饰。

7 焗烤碗放入烤箱，用上/下火200℃烘烤20分钟即可。

∽ 主厨小叮咛 ∽

在炖煮牛肉的过程中，若汤汁蒸发太快，须加适量开水补充，以免煮干而烧焦。

香烤带骨猪排

分量：4人份

材料： 带骨猪肋排4块（每块2厘米厚，约200克）

调味料：

A 橄榄油1/2大匙、白酒2大匙
盐1/4小匙、黑胡椒碎1/8小匙

B 橄榄油1/2大匙

配菜材料： 芦笋8根

BOX 配菜这样做
芦笋切段，放入沸水中余烫至熟。

意大利香料起司奶油酱

分量：4人份 保存方法：冷藏7天

材料：

A 洋葱1/4头（约60克）、起司片250克

B 白酒100毫升、鸡高汤（或水）300毫升、鲜奶油200毫升
盐1/2小匙、白胡椒粉1/8小匙
意大利综合香料1/2小匙

做法：

1 洋葱去皮，切碎备用。

2 取厚平底煎锅，加入洋葱碎及白酒，用中火煮沸，待煮至半收干时，加入高汤及鲜奶油拌匀，再度煮沸后转小火，加入起司片，用打蛋器慢慢搅拌至起司融化，再加入盐、白胡椒粉调味。

3 加入意大利综合香料，再煮约2分钟即可。

● **你也可以这样搭** 杏桃镶猪柳（52页）、酥炸鸡柳条（72页）。此外，也可用来煮蔬菜或菠菜泥，像是把土豆去皮、切丁、煮熟后，加入意大利香料起司奶油酱就成了奶油起司土豆了。

∾ 主厨小叮咛 ∾

意大利香料起司奶油酱冰过需再次加热时，建议先微波加热后再煮，这样味道才不会变。

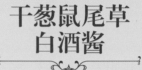

干葱鼠尾草白酒酱

分量：4人份 保存方法：冷藏7天

材料：

A 红葱头20克
蘑菇60克
新鲜鼠尾草6～7叶

B 白酒100毫升
鲜奶油200毫升
盐1/4小匙
白胡椒粉1/8小匙（或更少）
无盐奶油20克

∾ 主厨小叮咛 ∾

1 这道酱汁不建议用干燥香料来替代，所以若买不到新鲜鼠尾草时，可用新鲜百里香来代替。

2 酱汁浓度每个人的认定不同，基本上判断的原则可用大汤匙舀起，淋在一个空盘上，转一下盘子，若盘中的酱汁不会立即晕开就可以了。

做法：

1 猪肋排用松肉槌拍打肉的部分，使其松弛。

2 所有调味料A放入干净钢盆内拌匀，放入猪肋排再次拌匀后，放入冰箱腌渍1小时以上备用。

3 准备烤箱，用上/下火145℃预热6分钟。

4 取厚平底煎锅，开中火烧热锅，加入橄榄油，放入猪肋排，以中火煎约1分钟至上色后，翻面再煎约1分钟，取出。

5 将煎过的猪肋排放入已预热的烤箱，用上/下火145℃烤约6分钟，取出，插入探针式温度计至猪肋排连骨带肉最厚部位，中心温度为68℃以上，取出排盘，放入配菜，再依个人喜好淋上以下的酱汁即可。

∽ 主厨小叮咛 ∽

1 白酒对肉类有软化作用，如果一次要大量腌渍，则时间要拉长，至少要一个晚上才可。

2 猪肋排在煎及烘烤过程中，不要去按压肉的部分，否则肉汁会流失掉。

3 猪肋排的温度达到68℃就表示肉已经熟了。

做法：

1 红葱头去皮；蘑菇切片；鼠尾草擦干水分后，切碎备用。

2 取厚平底煎锅，加入白酒、红葱头及蘑菇片，用中火煮至浓缩成1/3水量，再加入鲜奶油，用中火煮沸，此时酱汁会慢慢开始变浓稠，转小火，煮到自己喜欢的浓度，加入盐、白胡椒粉调味后熄火。

3 加入鼠尾草碎拌匀后，再加入无盐奶油乳化拌匀。可用鼠尾草装饰。

● **你也可以这样搭：** 杏桃镶猪柳（52页）、酥炸鸡柳条（72页）。除此之外，也可和南瓜或是土豆一起烩煮。

香茅菠萝酱

分量：4人份　保存方法：冷藏7天

材料：

A 新鲜菠萝400克、洋葱30克、红辣椒1根
　新鲜香茅1根、姜末1小匙、香菜10克、柠檬1个

B 无盐奶油10克、红糖1大匙、酱油1/2大匙
　玉米粉1/2大匙、水1大匙

做法：

1 新鲜菠萝切块；洋葱去皮，切碎；红辣椒、香茅切斜片；香菜擦干水分，切粗碎备用。

2 柠檬挤汁；玉米粉与水拌匀备用。

3 取厚平底煎锅，开中火热锅，加入无盐奶油，放入洋葱碎、辣椒片、香茅片及姜末炒香，再加入菠萝块拌炒2分钟后，加入红糖、柠檬汁及酱油，用中火煮沸，再加入玉米粉水勾芡，撒入香菜碎即可。

● **你也可以这样搭：** 香烤带骨猪排（48页）、杏桃镶猪柳（52页）、厚切火腿（60页）、酥炸鸡柳条（72页）。香茅菠萝酱也可以和烤鸡腿搭配食用。

∽ 主厨小叮咛 ∽

新鲜菠萝的酸度与甜度不尽相同，所以配方中的糖及柠檬汁可视个人喜好增减。

烧烤猪里脊

分量：4 人份

材料： 去骨猪大里脊800克、法式芥末子酱1/2大匙、黄芥末酱1大匙、干燥迷迭香香料1小匙、干燥俄力冈香料1小匙

调味料： 盐1/4小匙、黑胡椒碎1/8小匙、橄榄油1大匙

配菜材料： 西蓝花160克、雪白菇（可用滑子菇代替）80克、蟹味菇80克

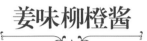

姜味柳橙酱

分量：4 人份　保存方法：冷藏 7 天

材料：
A 嫩姜10克、香橙1个
B 浓缩柳橙汁100毫升、蜂蜜1大匙、黄芥末酱1小匙、酱油1/2小匙

做法：
1 嫩姜切碎；香橙去皮，取果肉，切小块备用。
2 取厚平底煎锅，把所有材料放入（除香橙果肉外），开中火煮沸后，放入香橙果肉块，待再度煮沸过滤即可。

● **你也可以这样搭：** 烤培根里脊卷（56页）、厚切火腿（60页）、烤羊排（62页）、香烤鸡胸（68页）、酥炸鸡柳条（72页）、煎樱桃鸭胸（74页）。

∽ 主厨小叮咛 ∽

1 取香橙果肉要注意，别取到白皮，以免有苦味。
2 烧烤猪肋排的过程中，可把姜味柳橙酱边烤边抹上，会是一道很好吃的烧烤料理。

杏桃味噌酱

分量：4 人份　保存方法：冷藏 7 天

材料：
A 杏桃干80克
B 信州白味噌2大匙（约60克）、味酥60毫升、姜末1小匙、水2大匙

∽ 主厨小叮咛 ∽

1 现代的西式料理中，亚洲调味料已被广泛使用，只要运用得宜，西餐的口味更容易让国人接受，像这道酱汁，运用了日本的味噌酱，就是一个很好的范例。
2 也可以加入熟白芝麻1小匙，增加香味及口感变化。

做法：

1 猪大里脊整块均匀撒上盐及黑胡椒碎后，放室温下静置约10分钟。

2 准备烤箱，用上/下火145℃预热6分钟。

3 取厚平底煎锅，开大火烧热锅，转中火，加入橄榄油，放入猪大里脊，表面各煎1分钟至略微上色后，取出，放在烤盘上。

4 法式芥末子酱与黄芥末酱混合拌匀后，均匀涂抹在猪里脊的表面，再均匀撒上两种香料。

5 猪里脊放入已预热的烤箱，用上/下火145℃烤20分钟，取出，插入探针式温度计至肉的中心处，中心温度须达60℃，静置室温6分钟后，切8片，盘中先摆上配菜，再排上猪里脊片，依个人喜好淋上以下的酱汁即可。

∞ 主厨小叮咛 ∞

肉的中心温度若未到达时，需再入烤箱烘烤，并修正烤箱时间，基本上肉的温度差1℃，须再烤2分钟，以此类推。

做法：

1 杏桃干切片；味噌与味醂混合拌匀备用。

2 取厚平底煎锅，加入水、杏桃干片及姜末，用中火煮沸，并煮至汁液收干时，加入拌匀的味噌酱，再度煮沸即可。

● **你也可以这样搭：** 烤培根里脊卷（56页）、厚切火腿（60页）、烤羊排（62页）、香烤鸡胸（68页）、酥炸鸡柳条（72页）、煎鲈鱼（82页）、烤黄鸡鱼（86页）。除了猪肉外，这道酱汁可与鸡或鱼混合腌置一晚再取出，用烤箱烤熟，另有一种不同的滋味。

开心果加州李酱

分量：4人份　保存方法：冷藏7天

材料：

A 去核加州李干80克、开心果仁20克

B 白酒60毫升、水2人匙、细砂糖1大匙、玉米粉1小匙水1大匙、无盐奶油1/2大匙

做法：

1 加州李干切半；开心果仁切粗碎；玉米粉和水调匀成芡汁备用。

2 所有材料除了奶油及芡汁外，其余全放入厚平底煎锅内，用中火煮沸约1分钟，再把芡汁慢慢加入，煮成浓稠状后熄火。

3 加入无盐奶油和芡汁乳化拌匀即可。

● **你也可以这样搭：** 烤培根里脊卷（56页）、米兰猪排（58页）、培根鸡肉卷（70页）。水果入味的酱汁也很适合搭配炸鱼或鸡肉。此外，西方节庆时都会准备烤火鸡，可搭配开心果加州李酱。

∞ 主厨小叮咛 ∞

为了增加酱汁的滑润度，所以奶油要最后放，才有乳化效果。

杏桃镶猪柳

分量：4 人份

甜椒核桃酱

分量：4 人份　保存方法：冷藏 7 天

材料：

A 红甜椒1个（约120克）、生核桃碎120克
法国面包6片、香菜10克

B 橄榄油2大匙、小茴香1/2小匙
细砂糖1大匙、意大利陈年老醋2大匙
盐1/4小匙、黑胡椒碎1/8小匙

材料：
去骨猪大里脊1块（约600克）
杏桃干100克
调味料：
盐1小匙、黑胡椒碎1/4小匙
配菜材料：
胡萝卜1根

BOX 配菜这样做
胡萝卜削成橄榄形，共8个放入沸水
中氽烫，加入少许盐、白胡椒粉调味
即可。

∞ 主厨小叮咛 ∞

1 刺入肉的宽度离两边各留2厘米，是
最佳的宽度，这样烤出来的肉卷温度
才会平均。猪肉一定要整块穿透，如
果没有穿透，里面会受到空气压力的
排挤，杏桃就无法顺利镶入。

2 塞好杏桃干的猪里脊也可以放入锅中煎
熟，要从两边挖孔处开始煎，这样可让
肉缩住，以免里面的杏桃掉出来。

做法：
1 准备烤箱，用上/下火145℃预热6分钟。
2 整块猪大里脊用尖刀从肉块中间穿刺过
去【图1、图2】。
3 将杏桃干慢慢地用大拇指塞入猪里脊中
间刺穿的洞内最底部，直到全部塞满
【图3、图4】。
4 取烤盘，放上塞有杏桃干的猪里脊，均
匀地撒上盐、黑胡椒碎。
5 烤盘里加入半杯水后，放入已预热的烤
箱，用上/下145℃烤30分钟，取出，插
入探针式温度计至肉的中心处，中心
温度须达62℃，静置室温6分钟后，切
8片，盘中先摆上配菜，再排上猪里脊
片，依个人喜好淋上以下的酱汁即可。

① ② ③ ④

做法：
1 法国面包去掉硬皮，放入烤箱，用125℃烘烤5分钟，使
面包干燥。
2 红甜椒去子及囊，切小丁；香菜擦干水分后切碎备用。
3 取厚平底煎锅，开中火热锅，加入橄榄油，放入生核桃碎
炒香，再加入小茴香拌炒至香味出来后，加入红甜椒丁炒
至熟透，再加入细砂糖及意大利陈年老醋拌匀煮沸后，转
小火，加入盐、黑胡椒碎调味后熄火，拌入香菜碎。
4 将法国面包捏碎后，拌入酱汁内即可。

● **你也可以这样搭：** 烧烤猪里脊（50页）、烤羊排（62
页）、香烤鸡胸（68页）。烤三文鱼也可以搭配甜椒核桃
酱，非常美味。

∞ 主厨小叮咛 ∞
酱汁内放了烤干的法国面包，是为
了增加酥松的口感，而法国面包要
先去皮，主要是因为面包皮薄，烤
干了容易割伤口腔。

蘑菇甜酒奶油酱

分量：4人份　保存方法：现做现用

材料：
A 蘑菇200克、洋葱1/4头（约60克）
B 白酒100毫升、八角2个、鲜奶油200毫升
　君度香橙甜酒60毫升、干燥俄力冈香料1/2小匙
　盐1/2小匙、白胡椒粉1/8小匙、无盐奶油50克

做法：
1 蘑菇切片；洋葱去皮后切碎备用。
2 取厚平底煎锅，放入蘑菇片、洋葱碎、白酒及八角，开中火，煮至汤汁浓缩至1/3量，加入鲜奶油，煮沸后转小火，再加入香橙甜酒及俄力冈香料，煮至酱汁呈浓稠状即熄火。
3 加入盐、白胡椒粉调味后，再加入无盐奶油，用打蛋器搅拌至奶油乳化即可。

● **你也可以这样搭：** 烧烤猪里脊（50页）、烤羊排（62页）、培根鸡肉卷（70页）。除了猪肉外，蘑菇甜酒奶油酱也可以搭配煎鱼排或烤鸡，像迷迭香烤鸡就非常适合。

（50页）、（62页）、（70页）

∞ 主厨小叮咛 ∞

1 如果酱汁要储存多日，材料里的无盐奶油就不要先加入，等每次使用要加热时，再加入无盐奶油即可。
2 这道酱汁会加入八角，是因为白酒浓缩后，有可能因为酒本身品质不好而有异味，添加八角可以就中和异味，及提升酱汁味道。

苹果薄荷酱

分量：4人份　保存方法：冷藏7天

∞ 主厨小叮咛 ∞

1 做酱料的苹果，基本上以青苹果为优先选择，因为青苹果酸度高，香气也足够。
2 苹果切好就要立即制作加热，才不会氧化。苹果要先炒，若先加糖，糖溶解会转干，再加入有水分的苹果，糖会硬化，影响酱汁口感。

材料：
A 新鲜苹果1个（约200克）、新鲜薄荷叶8片
B 无盐奶油10克、红糖1大匙、白酒200毫升

做法：
1 苹果去皮及核，切半月片。
2 取厚平底煎锅，开中火热锅，放入无盐奶油，加入苹果片轻微拌炒，再加入红糖炒至融化，加入白酒煮沸后，转小火，煮至汤汁快收到半干时即熄火。
3 薄荷叶用手撕开成2～3段后加入酱汁内拌匀即可。

● **你也可以这样搭：** 烧烤猪里脊（50页）、厚切火腿（60页）、烤羊排（62页）。羊排或是烤羊腿也非常适合搭配这道酱汁，像有名的香蒜烤羊腿就很适合。

（50页）、（60页）、（62页）

烤培根里脊卷

分量：2 人份

材料：
猪小里脊1条（约300克）、培根6片

调味料：
盐1/4小匙、黑胡椒碎1/8小匙、橄榄油1/2大匙

做法：

1 准备烤箱，用上／下火145℃预热6分钟。

2 猪小里脊剔除筋膜，将两端不整齐处切齐，均匀撒上盐、黑胡椒碎备用。

3 将培根部分重叠铺平，里脊肉平放在前1/3处，顺势卷好。

4 取厚平底煎锅，开中火烧热锅，转小火，倒入橄榄油，放入培根里脊卷，以中火煎1分钟至上色后，翻面再煎。

5 将煎过的培根里脊卷放入已预热的烤箱中，用上／下火145℃烤12分钟，取出，插入探针式温度计至里脊卷中心处，中心温度须达62℃，静置室温6分钟，切片排盘，依个人喜好淋上以下的酱汁，再摆上烫好的豌豆荚装饰。

∽ 主厨小叮咛 ∽

1 煎培根里脊卷时，培根的接面要朝下，煎的过程会缩起，才不会散。翻面的时机为底下焦黄，出现香味就可以翻面。

2 刚烤好培根里脊卷必须静置室温6分钟，因血水都集中在中心，静置可让血水释放到肉汁中，让烤出来的肉口感比较湿润。

红胡椒原味烤肉酱

分量：6 人份　保存方法：冷藏 7 天

材料：

A 大蒜30克、红葱头30克、青葱1/2根

B 橄榄油1大匙、红胡椒粒1大匙（约10克）

C 梅林酱油1大匙、细砂糖1大匙、酱油1/2大匙、番茄酱1/2大匙、水2大匙

俄力冈野菇酱

分量：6人份　保存方法：冷藏7天

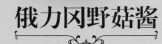

∽ 主厨小叮咛 ∽

1 酱汁中搭配的菇类可以有多种选择，羊肚菇、牛肝菌味道虽然较香浓，但单价较高，可用别的蘑菇代替。
2 若有新鲜的俄力冈，可用2根取代，香料味会更重。

材料：

A 蘑菇120克、蟹味菇120克、雪白菇（也可用滑子菇代替）120克、洋葱1/4头（约60克）、大蒜20克
B 无盐奶油10克、红酒100毫升、牛骨酱100毫升（做法见15页）、干燥俄力冈香料1/2小匙、盐1/4小匙、黑胡椒碎1/8小匙

做法：

1 蘑菇每朵切成4等分；蟹味菇、雪白菇切掉根部；洋葱、大蒜分别去皮后切碎备用。
2 取厚平底煎锅，开中火热锅，加入无盐奶油，放入洋葱碎、大蒜碎，以中火炒香后，依序加入蘑菇、蟹味菇及雪白菇略微炒过，再加入红酒，煮至浓缩成1/2的量，加入牛骨酱，用中火煮沸。
3 加入盐及黑胡椒碎调味后熄火，放入俄力冈香料拌匀。

● **你也可以这样搭**：纽约客牛排（20页）、菲力牛排（24页）、烧烤无骨牛小排（38页）。这道酱汁除了搭配猪肉外，像白肉类的鸡胸，或是圣诞节的烤火鸡，都很适合。

材料：

A 小番茄300克、盐1/2小匙、特纯橄榄油100毫升
B 罗勒20克、意大利综合香料1/2小匙、黑胡椒碎1/8小匙、意大利陈年老醋1大匙

做法：

1 准备烤箱，用上/下火90℃预热6分钟。
2 小番茄去蒂后擦干，切对半，放在烤盘上，均匀撒上盐。
3 放入预热好的烤箱，用上/下火90℃低温烘烤10分钟，约每3分钟取出，把烤盘转向再放入烘烤，共取出三次，待番茄水分蒸发，即成半干番茄。
4 将烤好的半干番茄放入干净密封罐内，加入橄榄油密封，冷藏一晚，即为腌半干番茄。
5 罗勒洗净，擦干水分备用。
6 取钢盆，放入做法4的腌半干番茄120克、腌番茄的橄榄油2大匙，再加入用手撕开的罗勒叶、意大利综合香料及黑胡椒碎，拌匀后，加入意大利陈年老醋拌匀，腌约10分钟。

● **你也可以这样搭**：米兰猪排（58页）、煎鲈鱼（82页）、烤大海虾（104页）。还可用在沙拉、意大利面，或是蘸、夹面包，烤披萨都很适合。

半干番茄罗勒酱

分量：6人份　保存方法：冷藏7天

∽ 主厨小叮咛 ∽

1 半干番茄除了单纯和橄榄油腌渍外，还可以加入自己喜爱的新鲜香料或辣椒一起腌渍，另有一番风味。
2 腌半干番茄中的橄榄油，必须用特纯第一道冷压的橄榄油。腌过的橄榄油可单独拿来拌沙拉，或是炒意大利面，都非常美味。
3 腌半干番茄冷藏可以保存很久不会坏。

做法：

1 大蒜、红葱头分别去皮，切片；青葱切葱花备用。
2 取厚平底煎锅，开中火热锅，加入橄榄油，依序放入大蒜片、红葱头片及葱花炒香后，加入材料C，用中火煮沸后转小火煮1分钟。
3 加入红胡椒粒拌匀，再煮1分钟即可熄火。

● **你也可以这样搭**：烧烤无骨牛小排（38页）、汉堡排（40页）、香烤带骨猪排（48页）。

∽ 主厨小叮咛 ∽

红种胡椒颗个有着柔软的外壳，有近似甘甜的细致水果味。果实中的核有中等的辣度，而且辣味可以持很久。这里我们是取用它的香气，所以不用拍碎。

米兰猪排

分量：4 人份

材料：
A 去骨猪大里脊4片（每片140克）
　低筋面粉2大匙
B 鸡蛋2个、起司粉2大匙
　鲜奶油20毫升、新鲜巴西利10克

调味料：
盐1/4小匙、黑胡椒碎1/8小匙
橄榄油2大匙

酸豆黑橄榄酱

分量：6 人份　保存方法：密封冷藏 15 天

材料：
A 去核黑橄榄170克、大蒜100克
　酸豆50克、罐头鳀鱼50克
　罗勒10克、柠檬1个
B 梅林酱油20克、黑胡椒碎10克、橄榄油200毫升

做法：
1 大蒜去皮；罗勒擦干水分；柠檬挤汁备用。
2 将所有材料放入食物调理机或调理棒内，搅打均匀即可。可用黑橄榄及酸豆装饰。

● **你也可以这样搭：** 烧烤猪里脊（50页）、培根鸡肉卷（70页）、蒸石斑鱼（80页）。意大利人时常把酸豆黑橄榄酱加入帕马森起司粉后，包入鸡胸肉内，或用来炒意大利面；搭配面包食用也非常适合。

∽ 主厨小叮咛 ∽
酸豆黑橄榄酱做好时，因为生大蒜有呛辣的味道，所以不宜马上食用，需放置一天再食用。

培根番茄沙司

分量：4 人份　保存方法：冷藏 7 天

材料：
A 培根4片
　洋葱1/4头（约60克）
　大蒜4瓣（约12克）
　小番茄12个
B 橄榄油1大匙
　番茄糊1/2大匙
　白酒1大匙、鸡高汤2大匙
　盐1/4小匙、白胡椒粉少许

∽ 主厨小叮咛 ∽
此道酱汁因为加了白酒及番茄糊，酸味会较重，所以选用较甜的小番茄来中和酸性，而小番茄不需要长时间炖煮。

做法：

1 猪大里脊肉片先用松肉槌拍打过后再断筋，撒上盐、黑胡椒碎调味，再均匀撒上低筋面粉备用。

2 巴西利擦干后切碎，与其他材料B全部混合拌匀成蛋液，再把做法1里脊肉片泡入蛋液内。

3 取厚平底煎锅，开大火烧热锅后，加入橄榄油，转中小火，把泡蛋液的里脊肉片夹入锅内，一面煎成金黄色后，翻面再煎，取出，切半排盘，依个人喜好淋上以下的酱汁，再以柠檬丝、橄榄油装饰。

∞ 主厨小叮咛 ∞

1 最正统的米兰猪排是要猪排沾起司粉去煎，才会有起司的焦香味，而不是猪排煎好再撒起司粉。

2 用肉槌拍打，除了让肉松弛之外，也是把肉拍薄，因为制作米兰猪排时，肉要薄才容易煎熟。要先拍打再断筋，不然断筋后再拍打，肉会裂开。

3 煎猪排时，火候要掌握好，要用中小火，才会有起司的焦香味，切记不可大火煎，否则会造成表面焦而内层未熟的现象。

4 可以将材料换成牛排或是鸡排，做法相同。

做法：

1 培根切约1厘米宽条状；洋葱去皮，切丝；大蒜去皮，切碎；小番茄去蒂后，切大丁状备用。

2 取厚平底煎锅，开中火热锅，加入橄榄油，放入培根条、洋葱丝及大蒜碎炒香，再加入番茄糊拌炒1分钟，倒入白酒煮沸后，再加入高汤，用小火煮至酱汁浓缩成1/2量。

3 加入番茄丁，用小火略煮沸后，加盐、白胡椒调味即可。

● **你也可以这样搭：** 汉堡排（40页）、烧烤猪里脊（50页）、培根鸡肉卷（70页）。

鳀鱼番茄酱

分量：4人份　保存方法：冷藏7天

材料：

A 小番茄12个（约250克）、洋葱1/4头（约60克）大蒜20克、罐头鳀鱼20克、罗勒10克

B 橄榄油1大匙、意大利陈年老醋1大匙、黑胡椒碎1/4小匙

做法：

1 小番茄去蒂后，每个切成4个半月片；洋葱、大蒜分别去皮，切碎；鳀鱼切碎；罗勒擦干水分后切丝备用。

2 取干净的不锈钢盆，加入橄榄油及大蒜碎，用大汤匙顺时钟方向拌匀，待大蒜味道释放出来，再加入鳀鱼碎、洋葱碎、意大利陈老醋及小番茄拌匀，再加入黑胡椒碎及罗勒丝拌匀，放入冰箱冷藏一晚即可。可用整条鳀鱼装饰。

● **你也可以这样搭：** 烧烤猪里脊（50页）、培根鸡肉卷（70页）、蒸石斑鱼（80页）。白色肉类与海鲜类都非常适合这道酱汁。

∞ 主厨小叮咛 ∞

1 鳀鱼是这道酱汁主要咸味的来源，如果想要有咸味又不要太重的鳀鱼味，可以加入少许盐替代鳀鱼。

2 此道酱汁为莎莎酱的做法，过程中不需要加热；而酱汁做好后，放入冰箱冷藏一晚，风味会更佳。

厚切火腿

分量：4人份

材料：去骨烟熏火腿排4片（每片200克）
调味料：橄榄油1大匙
配菜材料：蘑菇1朵、豌豆1片、土豆泥
　　　　　200克

做法：
取厚平底煎锅，开中小火烧热锅，加入橄
榄油，放入火腿排，一面煎约2分钟至表
面微焦上色后，翻面再煎约2分钟，插入
探针式温度计至肉的中心处，中心温度达
60℃，取出排盘，放上配菜，再依个人喜
好淋上以下的酱汁即可。

BOX 配菜这样做

1 土豆去皮后切成片状，放入汤锅里，加入盖
过的水，大火煮沸再转中火煮约6分钟，直
到土豆熟透。加入1/4杯鲜奶后关火，再加入
1/2小匙无盐奶油及1/8小匙盐、少许白胡椒
粉、豆蔻粉调味，用打蛋器趁热将土豆捣成
泥状即可。

2 蘑菇表面划出刀纹、烫熟，豌豆撕除两旁老
筋，两者用少许橄榄油炒熟后，加入适量
盐、白胡椒粉调味即可。

∞ **主厨小叮咛** ∞

有许多种火腿可选择，如果要搭配酱汁，
最好选用原味，或是烟熏的产品。

洋葱苹果酱

分量：4人份　保存方法：冷藏7天

材料：
A 洋葱半头（约120克）、苹果1个（约200克）
B 无盐奶油15克、细砂糖1大匙
　番茄酱2大匙、苹果醋100毫升

野菜莎莎酱

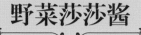

分量：4人份　保存方法：冷藏7天

材料：

A 黄甜椒1个（约120克）、红甜椒1个（约120克）
西芹1根、小黄瓜1根、洋葱1/4头、黑橄榄12个
香菜10克、柠檬1个

B 橄榄油2大匙、盐1/4小匙
白胡椒粉1/8小匙、姜末1小匙

做法：

1 黄甜椒、红甜椒去子及囊，切小丁；西芹撕除老筋后，切丁；小黄瓜切丁；洋葱去皮，切小丁；黑橄榄切片；香菜擦干水分后，切碎；柠檬挤汁备用。

2 取干净钢盆，加入所有材料B及柠檬汁，用大汤匙拌匀，再加入所有蔬菜料拌匀。

3 放入冰箱冷藏20分钟即可。

∞ 主厨小叮咛 ∞

1 所有蔬菜料切好后一定要完全沥干水分，拌入调味料时才不容易出水。

2 莎莎酱的变化很多，喜欢辣味的，可添加Tabasco辣椒水，或是红辣椒。

● **你也可以这样搭：** 杏桃镶猪柳（52页）、培根鸡肉卷（70页）。莎莎酱也可以当成前菜冷盘的酱汁，例如搭配番茄盘、冷肉盘或是熏三文鱼都可以。

材料：

A 洋葱1/4头、新鲜巴西利20克

B 白酒200毫升、鲜奶油200毫升
法式芥末子酱1大匙
蜂蜜2大匙、无盐奶油20克

做法：

1 洋葱去皮，切碎；巴西利擦干水分，切碎备用。

2 取厚平底煎锅，加入白酒、洋葱碎，开中火，煮至汤汁收干至1/3，再加入鲜奶油，用中火煮沸后转小火，加入法式芥末子酱，待再度煮沸时，加入蜂蜜及巴西利碎后立刻熄火，拌匀。

3 趁着余温，加入无盐奶油乳化拌匀即可。

● **你也可以这样搭：** 杏桃镶猪柳（52页）、培根鸡肉卷（70页）、烤羊里脊（66页）。

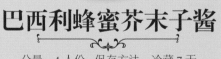

巴西利蜂蜜芥末子酱

分量：4人份　保存方法：冷藏7天

∞ 主厨小叮咛 ∞

为了增加酱汁的滑润口感，可先将煮过的洋葱碎过滤掉，之后步骤相同。

做法：

1 洋葱去皮，切丝；苹果去皮、核后，切丝备用。

2 取厚平底煎锅，开中火热锅，加入无盐奶油，放入洋葱丝拌炒成金黄色后，加入苹果丝炒透，再放入细砂糖、番茄酱及苹果醋，煮沸即可。

● **你也可以这样搭：** 杏桃镶猪柳（52页）、培根鸡肉卷（70页）。德国菜里的肉派（Meat Loaf），或是德国香肠也可以搭配这道酱汁。

∞ 主厨小叮咛 ∞

1 苹果切好就要立即加热，才不会氧化。

2 这里用的苹果醋是料理用的。

烤羊排

分量：4 人份

材料：
法式羊排500克
调味料：
A 盐1/2小匙、黑胡椒碎1/4小匙
　橄榄油1大匙
B 法式芥末子酱1大匙
　黄芥末酱1/2大匙
　意大利综合香料1小匙
配菜材料：
菠菜200克

BOX 配菜这样做
菠菜切除根部、切段，放入沸水中氽烫至熟，挤干水分，加入少许盐、橄榄油拌匀即可。

做法：
1 每片法式羊排先切成2等分，再各自对切，共4等分，均匀地撒上盐、黑胡椒碎，放室温下静置约10分钟。
2 准备烤箱，用上/下火165℃预热6分钟。
3 取厚平底煎锅，开中火烧热锅，加入橄榄油，放入羊排，每份的4个表面均微微煎上色后，取出备用。
4 法式芥末子酱与黄芥末酱混合拌匀后，均匀涂抹于煎好的羊排表面，再撒上意大利综合香料。
5 将煎过的羊排放入预热好的烤箱，用上/下火165℃烤12分钟，取出，插入探针式温度计至肉的中心处，中心温度须达60℃，静置室温3～5分钟后，两根骨头中间对切，盘中先摆上配菜，排上羊排，再依个人喜好淋上以下的酱汁即可。

∽ 主厨小叮咛 ∽
1 羊排表面略微煎过，主要是封锁住血水，在烘烤过程中，羊排的水分才不会流失。
2 整片的法式羊背。挑选时一定要选小羔羊（Lamb），不要买老羊排（Mutton），口感差很多，小羔羊不但肉质鲜嫩，膻味也小。

蒜香红酒
迷迭香酱

分量：4人份　保存方法：冷藏7天

材料：
A 大蒜60克、红葱头60克
　新鲜迷迭香10克
B 无盐奶油10克、红酒100毫升
　牛骨酱200毫升（做法见15页）
　盐1/4小匙

∽ 主厨小叮咛 ∽
大蒜、红葱头是整个使用，一定要先炒到微焦、香味出来再煮，煮出来的酱汁香气才够。

做法：
1 大蒜、红葱头分别去皮，整个使用；迷迭香擦干水分后，切碎备用。
2 取厚平底煎锅，开中火热锅，加入无盐奶油，放入大蒜、红葱头拌炒至表面微焦、香味出来后，加入迷迭香碎拌炒一下，加入红酒，用中火煮至汤汁收干剩1/2量后，再加入牛骨酱，煮沸，转小火，煮3分钟。
3 加入盐调味即可熄火。

● **你也可以这样搭：**菲力牛排（24页）、煎带骨牛小排（28页）、煎樱桃鸭胸（74页）。

芥末子百里香酱

分量：4人份　保存方法：冷藏7天

材料：

A 红葱头40克
　大蒜40克
　新鲜百里香10克
B 无盐奶油10克
　红酒100毫升
　牛骨酱200毫升（做法见15页）
　法式芥末子酱1/2大匙
　鲜奶油1大匙
　盐1/4小匙

做法：

1 红葱头、大蒜分别去皮，切碎；百里香擦干水分后，切碎备用。
2 取厚平底煎锅，开中火热锅，加入无盐奶油，放入红葱头碎、大蒜碎炒香后，加入切碎的百里香炒出香味后，加入红酒煮至汤汁收干剩1/2量，再加入牛骨酱及法式芥末子酱，煮沸，转小火，煮3分钟。
3 加入鲜奶油拌匀，再加入盐调味即可熄火。
4 可用百里香叶装饰。

● **你也可以这样搭：** 菲力牛排（24页）、培根鸡肉卷（70页）。

∽ 主厨小叮咛 ∽

法式芥末子酱建议买陶瓷罐装，味道会比较香而不呛，有多种味道可供挑选，味道都不错。芥末子酱除了可以做酱汁外，当蘸酱搭配羊排、牛排或鸡肉等原味吃法也非常地道。

茴香玉米奶油酱

分量：4人份　保存方法：冷藏7天

∽ 主厨小叮咛 ∽

玉米粒打成泥，是让酱汁口感滑润，酱汁也较容易附着。

材料：

A 洋葱1/4头（约60克）、大蒜40克
　玉米粒1罐（约340克）、水2大匙（或更多）
B 无盐奶油10克、小茴香1小匙
　白酒100毫升、盐1/4小匙
　白胡椒粉1/8小匙、鲜奶油1大匙

做法：

1 洋葱去皮，切碎；大蒜去皮，切碎。
2 玉米粒与水放入果汁机内，搅打成泥备用。
3 取厚平底煎锅，开中火热锅，加入无盐奶油，放入大蒜碎、洋葱碎炒香后，加入小茴香炒至香味出来，再倒入白酒煮至汤汁收干剩1/2量，加入玉米泥，煮沸，转小火煮约5分钟。
4 加入盐、白胡椒粉调味后，放入鲜奶油，煮沸后熄火即可。

● **你也可以这样搭：** 培根鸡肉卷（70页）、酥炸鸡柳条（72页）。

烤羊里脊

分量：4 人份

材料：
法式羊排500克
调味料：
盐1/4小匙、黑胡椒碎1/8小匙、橄榄油1大匙

做法：

1 法式羊排去骨，取里脊肉部分，均匀地撒上盐、黑胡椒碎，放室温下静置约10分钟。

2 准备烤箱，用上/下火165℃预热6分钟。

3 取厚平底煎锅，开大火烧热锅，加入橄榄油，转中火，放入里脊肉，表面各煎1分钟至上色后取出。

4 将煎过的羊里脊放入预热好的烤箱，用上/下火165℃烤8分钟，取出，插入探针式温度计至肉的中心处，中心温度须达60℃，静置室温3～5分钟后，切片排盘，再依个人喜好淋上以下的酱汁即可，再以葡萄及百里香装饰。

∞ 主厨小叮咛 ∞

刚烤好的羊里脊必须静置室温3～5分钟，因肉汁都集中在中心，静置可让肉汁释放到肉中，让烤出来的肉口感比较湿润。

白兰地薄荷酱

分量：6 人份　保存方法：冷藏 7 天

材料：
A 新鲜薄荷叶5克
B 牛骨酱200毫升（做法见15页）、薄荷酱1大匙、白兰地2大匙

材料：
A 葡萄干100克、红葱头30克、大蒜5瓣（约15克）
B 冷开水100毫升、白酒100毫升、白酒醋2大匙
无盐奶油10克、印度咖哩粉1大匙、细砂糖1大匙
盐1/4小匙、玉米粉1小匙、水1大匙

做法：
1 取干净钢盆，放入葡萄干、冷开水、白酒、白酒醋拌
匀，浸泡30分钟。
2 红葱头、大蒜分别去皮，切碎；玉米粉与水拌匀备用。
3 取厚平底煎锅，开中火热锅，加入无盐奶油，放入大蒜
碎、红葱头碎炒香后，转小火，加入印度咖哩粉拌炒至
香味出来后，加入葡萄干及浸泡的酱汁，煮约10分钟，
再加入细砂糖、盐调味，加入玉米粉水勾芡即可。

咖哩葡萄酱

分量：4人份　保存方法：冷藏7天

∽∽ 主厨小叮咛 ∽∽

印度咖哩粉味道香，不呛也较不
辣，适合作水果口味的酱汁。

● **你也可以这样搭**：厚切火腿（60页）、酥炸鸡柳条（72
页）、煎樱桃鸭胸（74页）。

俄力冈覆盆子酱

分量：4人份　保存方法：冷藏7天

材料：
A 新鲜俄力冈5克、覆盆子100克、柠檬1个
B 红酒200毫升、细砂糖2大匙、玉米粉1小匙、水1大匙

做法：
1 俄力冈擦干水分后取叶；柠檬挤汁；玉米粉与水
拌匀备用。
2 取厚平底煎锅，加入红酒、覆盆子、细砂糖及柠
檬汁，用小火煮沸3分钟后，加入俄力冈叶混合拌
匀，再加入玉米粉水勾芡即可。

● **你也可以这样搭**：厚切火腿（60页）、酥炸鸡柳条
（72页）、煎樱桃鸭胸（74页）。

做法：
1 薄荷叶擦干水分后，切碎备用。
2 取厚平底煎锅，放入牛骨酱与薄荷酱，用打蛋器拌
匀后，开中火煮沸，转小火，加入白兰地及新鲜薄
荷叶碎，煮沸即可熄火。可用薄荷叶装饰。

● **你也可以这样搭**：杏桃镶猪柳（52页）、厚切火腿
（60页）、烤羊排（62页）。

∽∽ 主厨小叮咛 ∽∽

薄荷叶擦干水分后再
切碎，可避免多余水
分跑到酱汁里。

香烤鸡胸

分量：4人份

材料：
带翅骨鸡胸4片

调味料：
A 白酒1大匙、橄榄油1大匙
  盐1/4小匙、黑胡椒碎1/8小匙
B 橄榄油1大匙

配菜材料：
小番茄4个、甜豆60克
胡萝卜1根

芥末子
老醋酱

分量：4人份　保存方法：冷藏7天

材料：
A 蘑菇120克、大蒜20克
  新鲜百里香3克
  新鲜巴西利10克
B 无盐奶油10克、细砂糖20克
  意大利陈年老醋50毫升、鲜奶油200毫升
  法式芥末子酱1大匙、盐1/2小匙、白胡椒粉1/8小匙

做法：
1 蘑菇切片；大蒜去皮，切碎；百里香、巴西利擦干水分，切碎备用。
2 取厚平底煎锅，开中火热锅，加入无盐奶油，加入大蒜碎及蘑菇片炒香后，加入细砂糖及意大利陈年老醋，煮沸后转小火，再加入鲜奶油及法式芥末子酱，煮沸后加入百里香碎及巴西利碎，拌匀立即熄火。
3 再加入盐、白胡椒粉调味即可。

● **你也可以这样搭：**烤培根里脊卷（56页）、烤羊里脊（66页）。

焦糖柠檬
苹果酱

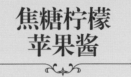

分量：4人份　保存方法：冷藏7天

材料：
A 苹果1个（约200克）
  柠檬1个
B 无盐奶油10克
  细砂糖2大匙
  丁香6个
  苹果醋100毫升

∽ 主厨小叮咛 ∽

1 苹果切好就要立即制作加热，避免氧化。
2 这里用的苹果醋是料理用的，不是直接饮用的饮料。

胡萝卜削成4个橄榄形，烫熟；甜豆撕除两旁老筋后烫熟；每个小番茄去蒂后，切对半。全部材料用少许橄榄油炒熟，再加入少许盐、白胡椒粉调味即可。

做法：

1 所有调味料A放入干净钢盆内，拌匀备用。
2 鸡胸去皮，放入调味料A里拌匀，放入冰箱腌渍1小时。
3 准备烤箱，用上／下火145℃预热6分钟。
4 取厚平底煎锅，开大火烧热锅，加入橄榄油，转中火，放入鸡胸肉，两面各煎约1分钟至表面微上色后取出，放置烤盘上。
5 将煎过的鸡胸肉放入预热好的烤箱，用上／下145℃烤10分钟至熟，取出，插入探针式温度计至鸡肉的中心处，中心温度须达62℃以上，静置室温3分钟后，切片排盘，摆上配菜，再依个人喜好淋上以下的酱汁即可。

⋙ 主厨小叮咛 ⋙

1 带翅骨鸡胸就是鸡胸连带小翅根部位。
2 烤鸡胸时，切记善用工具，烤箱温度不可过高，时间也要掌控好，利用温度计测量中心温度，这样烤出来的鸡胸肉就不会干涩，也就可以做出饭店级的水准了。

红酒鼠尾草培根酱

分量：4人份 保存方法：冷藏7天

材料：

A 培根4片、洋葱半头（约120克）、大蒜30克
  新鲜鼠尾草10克
B 无盐奶油10克、红酒100毫升
  牛骨酱200毫升（做法见15页）、盐1/4小匙

做法：

1 培根切片；洋葱去皮，切丝；大蒜去皮，切碎；鼠尾草擦干水分后，切碎备用。
2 取厚平底煎锅，开中火热锅，加入无盐奶油，转中大火，放入培根片、洋葱丝、大蒜碎及鼠尾草碎炒香后，加入红酒，煮至浓缩剩1/3量，再加入牛骨酱拌匀，煮沸后转小火煮3分钟，加盐调味，熄火。可用鼠尾草装饰。

● **你也可以这样搭：** 煎带骨牛小排（28页）、烧烤猪里脊（50页）、厚切火腿（60页）。

⋙ 主厨小叮咛 ⋙

若没有新鲜鼠尾草，可用干燥品约1/2小匙代替。

做法：

1 苹果去皮和核，切薄片；柠檬挤汁备用。
2 取厚平底煎锅，开中火热锅，加入无盐奶油及苹果片，转中大火把苹果片炒透后，加入细砂糖，继续拌炒成焦化状，再加入丁香、苹果醋及柠檬汁，煮沸即可熄火。可放柠檬皮丝装饰。

● **你也可以这样搭：** 烤培根里脊肉卷（56页）、厚切火腿（60页）。

培根鸡肉卷

分量：4人份

材料： 去骨鸡胸肉4片、培根12片、西芹1根
红甜椒1/2个、黄甜椒1/2个

调味料： 盐1/4小匙、黑胡椒碎1/8小匙、橄榄油1大匙

∽∽ 主厨小叮咛 ∽∽

1 片肉片时，刀要足够长才好用。
2 培根卷的接合处务必要朝下放入锅里，在煎的过程，
生培根的蛋白质熟化，自然就会粘在一起。

做法：

1 准备烤箱，用上/下火175℃预热6
分钟。

2 西芹撕除老筋后，切条状；红甜
椒、黄甜椒去子及囊后，切条状
备用。

3 鸡胸肉片开成大薄片【图1、图2】，
再从另一边片开回来，成为更薄的薄
片，均匀撒上盐、黑胡椒碎后，把
蔬菜条铺放在鸡胸肉片的前端，慢
慢包卷起来【图3】。

4 取三片培根，一片片整齐铺平
（每片都需要重叠一点点），把
鸡肉卷放上约在1/3处，再把培根
片往前卷包裹住鸡肉卷【图4】，
接合处需朝下。

5 取厚平底煎锅，开中火热锅，加
入橄榄油，放入培根鸡肉卷，接
合处朝下贴住平底锅，煎2分钟，
至表面上色，翻面再煎至上色。

6 将煎过的培根鸡肉卷放入预热好
的烤箱，用上/下火175℃烤12分
钟，取出，插入探针式温度计
至肉卷中心处，中心温度须达
62℃，静置室温6分钟后，切片
排盘，依个人喜好淋上以下的酱
汁，再以鼠尾草装饰。

番茄炖蔬菜酱

分量：4人份 保存方法：冷藏7天

材料：

A 胡萝卜1根（约200克）、西芹1根
洋葱1头（约200克）、番茄2个

B 橄榄油2大匙、白酒200毫升
意大利综合香料1小匙
盐1/4小匙、黑胡椒碎1/8小匙

蔓越莓芒果莎莎酱

分量：4人份　保存方法：冷藏 7 天

材料：
A 蔓越莓干120克
　新鲜芒果1个（约250克）、姜末1小匙
　香菜10克、红辣椒1根、柠檬1个
　香橙1个
B 细砂糖1小匙
　橄榄油2大匙

做法：
1 芒果去皮，切丁；香菜擦干水分后切碎；
　红辣椒去子后切碎；柠檬、香橙分别挤汁
　备用。
2 取干净钢盆，放入细砂糖、柠檬汁、香橙
　汁、橄榄油、姜末、红辣椒碎混合拌匀
　后，再加入蔓越莓干、香菜碎拌匀。
3 放入芒果丁，轻轻搅拌即可。

● **你也可以这样搭：**蒸石斑鱼（80页）、粉炸
鱼排（84页）、煎辣味金枪鱼（88页）、煎
大虾（102页）、培根虾卷（106页）。

∽ 主厨小叮咛 ∽

芒果要最后再放，主要是芒果肉软，不能一直
搅拌，会让果肉烂掉，尝不到芒果的口感。

香蒜培根迷迭香酱

分量：4人份　保存方法：冷藏 7 天

材料：
A 培根4片、洋葱半头（约120克）
　大蒜40克、新鲜迷迭香10克
B 无盐奶油10克、白兰地60毫升
　黑胡椒碎1/8小匙
　牛骨酱200毫升（做法见15页）、盐1/4小匙

做法：
1 培根切片；洋葱去皮，切碎；大蒜去皮，
　切片；迷迭香擦干水分后切碎备用。
2 取厚平底煎锅，开中火热锅，加入无盐奶
　油，依序放入培根片、洋葱碎、大蒜片炒
　香后，加入白兰地呛出香味，待酒精挥发
　掉，再加入迷迭香碎及黑胡椒碎拌炒均匀
　后，加入牛骨酱，煮沸后转小火，再煮约
　2分钟。
3 加入盐调味后熄火。可用迷迭香装饰。

● **你也可以这样搭：**烧烤猪里脊（50页）、汉
堡排（40页）。

∽ 主厨小叮咛 ∽

白兰地要呛出味道，就要从锅边把酒加
入，才有呛锅的作用。

做法：
1 胡萝卜和洋葱分别去皮后切丁；西芹撕除老筋
　后，切丁；番茄去蒂后切丁备用。
2 厚平底煎锅烧热，转中火，加入橄榄油，放入蔬
　菜丁炒透，加入白酒，煮至浓缩剩1/3量，再加
　入意大利综合香料拌匀，熄火。
3 加入盐、黑胡椒碎调味即可。
4 放入烤好的培根鸡肉卷，盖上锅盖焖煮1分钟，
　取出，即可切片排盘。

● **你也可以这样搭：**烧烤猪里脊（50
页）、厚切火腿（60页）。

∽ 主厨小叮咛 ∽

做这道酱汁可用原煎培根鸡肉卷的锅，就
可把剩余的酱汁当作高汤使用，做出来的
酱汁味道会比较鲜美。

酥炸鸡柳条

分量：4人份

材料： 鸡柳600克、低筋面粉100克、鸡蛋4个、面包粉300克

调味料：

A 白酒2大匙、大蒜碎1大匙
盐1/2小匙
干燥俄力冈香料1/2小匙
橄榄油1/2大匙
黑胡椒碎1/4小匙

B 色拉油1升

薄荷咖哩酸奶酱

分量：4人份　保存方法：冷藏7天

材料：

A 番茄2个（约250克）、红辣椒1根
香菜10克、新鲜薄荷叶10克
原味酸奶200克

B 洋葱1/4头（约60克）、大蒜40克、嫩姜30克

C 细砂糖1/2大匙、盐1/4小匙、无盐奶油20克
印度咖哩粉2大匙

做法：

1 番茄去蒂后切块；红辣椒去子后切碎；香菜、薄荷叶分别擦干水分后，切碎备用。

2 番茄块、酸奶、红辣椒碎及细砂糖、盐一起放入果汁机内，混合搅打成酸奶酱，再加入香菜碎、薄荷叶碎，拌匀备用。

3 洋葱、大蒜分别去皮，切碎；姜切碎。

4 取厚平底煎锅，开中火热锅，加入无盐奶油，放入洋葱碎、大蒜碎及姜碎炒香后，加入印度咖哩粉炒出香味，再加入做法2的酸奶酱，用小火煮沸即可。

● **你也可以这样搭：** 杏桃镶猪柳（52页）、粉炸鱼排（84页）。

蜂蜜芥末子酱

分量：4人份　保存方法：冷藏7天

材料：

A 柠檬1/2个

B 蛋黄酱200克
蜂蜜60克
黄芥末酱30克
法式芥末子酱30克
鲜奶油20克

⌁ 主厨小叮咛 ⌁

蛋黄酱品牌众多，调味均不相同，所以酱汁配方比例可适度调整；而蛋黄酱的选用以法式为主，味道不太甜，且略带酸及咸味，较适合作为酱汁使用。

配菜材料： 绿圆生菜60克、红色圆生菜60克

BOX 配菜这样做
生菜叶洗净后泡冰水15分钟，沥干即可。

做法：
1 所有调味料A放入干净钢盆内，混合拌匀备用。
2 鸡柳条洗净，擦干水分后，放入做法1调味料里拌匀，放入冰箱腌渍20分钟。
3 面粉、面包粉分别用小碟装好；鸡蛋打成蛋液备用。
4 取出鸡柳条，依序均匀地沾裹上一层面粉、蛋液、面包粉。
5 油锅加入色拉油，烧热至175℃，放入沾粉的鸡柳条，用中火炸至表面呈金黄色且肉熟透即可。
6 取出鸡柳条，插入探针式温度计至炸鸡中心处，中心温度须达72℃，沥干油后，盘中先排入生菜叶，再摆上鸡柳条，依个人喜好淋上以下的酱汁即可，再以薄荷叶装饰。

∽ **主厨小叮咛** ∽
油炸肉类时，若不知是否已熟，可使用探针式温度计检测肉的中心温度，看看是否到达72℃，或是用筷子刺穿，看看肉汁颜色是否清澈，若不清澈，表示还未熟。

做法：
1 柠檬挤汁备用。
2 取干净钢盆，把所有材料放入，用打蛋器搅拌均匀即可。

● **你也可以这样搭：** 厚切火腿（60页）、烤羊里脊（66页）、粉炸鱼排（84页）。

沙嗲酱

分量：6人份　保存方法：冷藏7天

材料：
A 洋葱1/4头（约60克）、大蒜30克、红葱头30克
老姜20克、干辣椒2根、新鲜香茅30克
蒜味花生100克、柠檬1个
B 花生油20毫升、椰奶1罐（约454毫升）
鱼露10克、细砂糖20克

做法：
1 洋葱、大蒜、红葱头分别去皮，切碎；姜切碎；干辣椒、香茅切碎；蒜味花生压碎；柠檬挤汁备用。
2 取厚平底煎锅，开中火热锅，加入花生油，放入洋葱碎、大蒜碎、红葱头碎、姜碎及干辣椒碎炒香后，加入花生碎及香茅碎拌炒至香味出来，再倒入椰奶，煮沸后转小火，加入鱼露及细砂糖调味。
3 加入柠檬汁，用小火煮沸即可熄火。

● **你也可以这样搭：** 烤羊里脊（66页）、香烤鸡胸（68页）。

∽ **主厨小叮咛** ∽
1 花生油可用无盐奶油替代。
2 不喜欢鱼露味道的，可使用酱油替代鱼露的咸度及味道。

煎樱桃鸭胸

分量：2 人份

材料：樱桃鸭胸2片（1片约250克）
调味料：盐1/4小匙、黑胡椒碎1/8
小匙

无花果
巴萨米可醋

分量：4 人份　保存方法：冷藏 7 天

材料：
A 无花果干120克
B 红酒240毫升
　意大利陈年老醋120毫升
　细砂糖20克

做法：
1 无花果干与红酒先泡10分钟备用。
2 取厚平底煎锅，加入泡好的无花果干、红酒，用中火
　煮沸后转小火，煮至汤汁收干至1/4量，再加入意大利
　陈年老醋及细砂糖，持续用小火煮沸即可。

● **你也可以这样搭：**香烤带骨猪排（48页）、烤羊里脊
　（66页）、香烤鸡胸（68页）。

香烤带骨猪排（48页）、烤羊里脊（66页）、香烤鸡胸（68页）

∽ 主厨小叮咛 ∽

利用红酒把无花果干泡软，能让无花果干充满红酒
的香气。

红酒梨
酱汁

分量：4 人份　保存方法：冷藏 7 天

材料：
A 水梨1个（约250克）
　柠檬1/2个
B 红酒500毫升
　意大利陈年老醋（或红酒醋）2大匙
　丁香3个、肉桂条1条
　细砂糖20克
　牛骨酱2大匙（做法见15页）
　玉米粉1小匙、水1大匙

∽ 主厨小叮咛 ∽

1 这道一定要用肉桂条，不可以用肉
　桂粉，因为粉煮起来会附着于梨
　上，影响视觉效果。而且肉桂条很
　好买。
2 水梨可选用进口品种，或是西洋
　梨，可依产季来挑选。但西洋梨熟
　成时较松软且不耐煮，所以选择西
　洋梨时，不要挑选太熟的来制作。

做法：

1 樱桃鸭胸剔除多余油脂及筋膜后，在表皮划上刀纹，均匀撒上盐、黑胡椒碎，放室温下静置约10分钟。

2 取厚平底煎锅，开中火烧热锅，鸭胸肉皮朝下放入，表皮贴住锅底煎2分钟，把油脂逼出后，转小火，翻面煎2分钟，再翻面把鸭皮贴住锅底，小火煎2分钟，再翻面煎2分钟即可熄火，取出，插入探针式温度计至鸭肉的中心处，中心温度须达56℃以上，鸭胸约八分熟。

3 静置3分钟后，切片排盘，再依个人喜好淋上以下的酱汁即可。

∞ **主厨小叮咛** ∞

樱桃鸭是鸭的品种名，本来是英国樱桃谷的鸭种，皮薄肉厚扎实。

做法：

1 水梨去皮、核后，切成8等分半月形片；柠檬挤汁；玉米粉与水拌匀备用。

2 取厚平底煎锅，加入红酒、意大利陈年老醋、丁香、肉桂条、细砂糖及柠檬汁，再放入水梨，用中火煮约6分钟。

3 取出水梨片，把汤汁过滤掉后，加入牛骨酱，继续用小火熬煮约3分钟。

4 加入玉米粉水勾芡，再放回水梨片，煮沸即可。可用肉桂条装饰。

● **你也可以这样搭：** 香烤带骨猪排（48页）、烤羊里脊（66页）、香烤鸡胸（68页）。

迷迭香覆盆子酱

分量：4人份　保存方法：冷藏7天

材料：

A 覆盆子160克、新鲜迷迭香5克

B 红酒250毫升、细砂糖20克
牛骨酱2大匙（做法见15页）、玉米粉1小匙、水1大匙

做法：

1 迷迭香擦干水分后切碎；玉米粉与水拌匀备用。

2 取厚平底煎锅，加入红酒、细砂糖、牛骨酱及覆盆子，开中火煮沸后，转小火煮约5分钟，再加入迷迭香碎，煮沸。

3 加入玉米粉水勾芡成稠状即可。

● **你也可以这样搭：** 香烤带骨猪排（48页）、厚切火腿（60页）、香烤鸡胸（68页）。

∞ **主厨小叮咛** ∞

覆盆子烹调的过程要迅速，不要煮过头，否则形状烂了就不好看。

Part 2

鲜甜的海鲜

鱼类、虾、其他海鲜

香烤鲜鱼卷

分量：4人份

BOX **配菜这样做**

西芹撕除老筋后，切菱形块；番茄去蒂后，切小块；土豆去皮，切小橄榄形块；黄甜椒去了及囊后切小块；大蒜去皮，切碎。取厚平底煎锅，放入橄榄油2大匙，开中火，放入大蒜碎炒香后，加入所有配菜材料，炒熟，最后加盐、白胡椒粉调味即可。

材料： 潮鲷鱼片500克、绿芦笋160克、洋葱1/4头（约60克）
调味料： 无盐奶油10克、盐适量、黑胡椒碎适量、白酒2大匙
配菜材料： 西芹1根、市售熟豌豆仁80克、番茄1个、土豆1个、黄甜椒1/2个、大蒜20克

做法：

1 准备烤箱，用上/下火175℃预热6分钟。

2 潮鲷鱼片斜刀片成厚0.5厘米薄长片【图1】，共切8片。

3 芦笋削除硬皮后，切成8厘米长段，放入沸水烫熟后取出，泡冰水，完全冷却，沥干，再用厨房纸巾吸干多余水分后，均分成8等分；洋葱去皮，切碎备用。

4 取一片切好的潮鲷鱼薄片，平放，放上一份芦笋，慢慢卷成圆筒状，依序卷完所有的鱼卷【图2】。

5 取铝箔纸一张，铺放于烤盘上，先均匀涂上无盐奶油后，铺撒洋葱碎，再摆上卷好的鱼卷，撒上盐、黑胡椒碎及白酒。

6 放入预热好的烤箱，用上/下火175℃烘烤8分钟，取出，插入探针式温度计至鱼卷的最厚部位，中心温度约62℃，表示鱼卷已经烤熟，盘底先铺上配菜，摆上鱼卷，再依个人喜好淋上以下的酱汁即可。

∽ 主厨小叮咛 ∽

1 在市场上，潮鲷鱼片一般是真空包装出售，是取鱼的两片肉，所以又称为鱼菲力。

2 做鱼卷的鱼种不拘，但必须以新鲜、鱼刺少者佳，而且片成鱼片时鱼肉比较完整为宜。

3 如果家中没有探针式温度计，可改用筷子测试，若可轻易刺穿鱼肉，表示鱼卷已经烤熟。

4 在烤盘上加点奶油或橄榄油，烤出来的肉才不会太干。

干邑番茄奶油酱

分量：4人份　保存方法：冷藏7天

材料：
A 番茄2个（约250克）
　洋葱1/4头（约60克）
　大蒜60克
　干燥俄力冈香料2克
　罗勒10克
　新鲜巴西利10克
B 无盐奶油10克、番茄糊1大匙
　白兰地50毫升、鲜奶油2大匙
　盐1/4小匙、黑胡椒碎1/8小匙

做法：
1 番茄去蒂后切块，放入果汁机里搅打
　成泥；洋葱、大蒜分别去皮，切碎；
　罗勒、巴西利分别沥干后切碎，用厨
　房纸巾吸干多余水分备用。
2 取厚平底煎锅，开中火热锅，加入
　无盐奶油，放入洋葱碎、大蒜碎炒
　香后转小火，加入番茄糊炒约2分
　钟，加入番茄泥。
3 煮沸后放入俄力冈香料、罗勒碎、
　巴西利碎拌匀，再加入白兰地煮
　沸，加入鲜奶油煮沸，加盐、黑胡
　椒碎调味即可熄火。

● **你也可以这样搭：** 蒸石斑鱼（80
　页）、煎鲈鱼（82页）。

奶油蓝纹乳酪酱

分量：4人份　保存方法：冷藏7天

材料：
A 红葱头80克、大蒜80克
　蓝纹乳酪（法式有霉菌乳酪）80克
B 无盐奶油20克、白酒200毫升
　鲜奶油100毫升

做法：
1 红葱头、大蒜分别去皮，切碎；蓝纹乳酪
　压成泥备用。
2 取厚平底煎锅，开中火热锅，加入无盐奶
　油，放入红葱头碎、大蒜碎炒香，加入白
　酒煮沸后转小火，煮至汤汁浓缩成1/2量，
　再加入鲜奶油煮沸。
3 加入蓝纹乳酪泥，搅拌均匀即可熄火。

● **你也可以这样搭：** 蒸石斑鱼（80页）、煎鲈
　鱼（82页）。

辣味红椒酱

分量：4人份　保存方法：冷藏7天

材料：
A 洋葱1/4头（约60克）、大蒜60克
　红甜椒1个（约250克）、红辣椒1根、柠檬1个
B 橄榄油4大匙、匈牙利红椒粉1/2大匙
　Tabasco辣椒水适量、盐1/4小匙
　细砂糖1/8小匙

做法：
1 洋葱、大蒜分别去皮，切碎；红甜椒去子及囊，
　切小丁；红辣椒去子，切碎；柠檬挤汁备用。
2 取厚平底煎锅，开中火热锅，加入橄榄油，放入
　洋葱碎、大蒜碎炒香，加入甜椒丁及红辣椒碎拌
　炒均匀，转小火，再加入匈牙利红椒粉拌匀。
3 加入柠檬汁、辣椒水、盐、细砂糖拌匀即可。

● **你也可以这样搭：** 煎鲈鱼（82页）、粉炸鱼排
　（84页）、酥炸蟹肉饼（110页）。

蒸石斑鱼

分量：4人份

材料： 石斑鱼1尾（约1千克）、洋葱1/4头（约60克）

调味料：

A 盐1/4小匙、黑胡椒碎1/8小匙

B 橄榄油1大匙、白酒1大匙
冷开水1大匙

配菜材料： 红甜椒1/2个、黄甜椒1/2个、粗芦笋4根、蘑菇4朵、西蓝花1小棵

香蒜巴西利奶油酱

分量：4人份　保存方法：现做现用

材料：

A 洋葱30克、大蒜60克、新鲜巴西利10克

B 白酒200毫升、鲜奶油200毫升、盐1/4小匙
白胡椒粉适量、无盐奶油20克

做法：

1 洋葱、大蒜分别去皮，切碎；巴西利沥干后切碎，用厨房纸巾吸干多余水分备用。

2 取厚平底煎锅，放入洋葱碎、白酒，开中火，煮沸后转小火，煮至浓缩成1/2量，加入鲜奶油煮沸后煮1分钟，再加入盐、白胡椒粉调味，加入大蒜碎及巴西利碎拌匀后熄火。

3 加入无盐奶油乳化拌匀即可。

● **你也可以这样搭：** 香烤鲜鱼卷（77页）、煎鲈鱼（82页）。

调理酱汁时，最后加入奶油拌匀的动作叫"乳化"，主要是让酱汁有滑口的感觉；必须已经熄火降温才可拌入奶油，若持加温，会产生油水分离的现象，所以无盐奶油还未使用前，先冰在冰箱内效果比较好。

辣味水蜜桃酱

分量：4人份　保存方法：冷藏7天

材料：

A 罐头水蜜桃200克
嫩姜20克、红辣椒1根
香菜10克

B 白酒醋1大匙
细砂糖1/2大匙
Tabasco辣椒水适量
肉桂粉1/8小匙

⧢ 主厨小叮咛 ⧢

拌好的酱料放入冰箱冷藏30分钟，主要是让所有材料的味道都能完全释放出来。

配菜这样做

红甜椒、黄甜椒去子及囊后，切小片；芦笋切小段；蘑菇像切西瓜那样切舟状；西蓝花分切小朵。取厚平底煎锅，加入橄榄油1大匙，开中小火，放入所有蔬菜料，炒熟，最后加入盐、黑胡椒碎调味即可。

做法：

1 石斑鱼取下两边的鱼菲力后（做法详见12页），平均切成4等分，再均匀撒上盐、黑胡椒碎，放入冰箱腌渍10分钟备用。

2 洋葱去皮，切碎备用。

3 取厚平底煎锅，加入橄榄油，先放洋葱碎，再放上石斑鱼片，淋入白酒及冷开水，盖上锅盖，开大火，煮沸后转小火，煮4分钟，熄火。

4 插入探针式温度计至鱼肉的最厚部位，中心温度约60℃以上，表示鱼肉已经蒸熟，盘底先铺上配菜，摆上鱼肉，再依个人喜好淋上以下的酱汁即可。

∽ **主厨小叮咛** ∽

1 鱼菲力就是指鱼的两边肉，因两边肉厚，所以得名。

2 要知道鱼肉熟了没，除了用温度计测量温度外，还可用温度计尖端或筷子穿刺鱼肉，若能轻易刺透，就表示鱼肉熟了。

做法：

1 水蜜桃切小丁碎；嫩姜去皮，切碎；红辣椒去子，切碎；香菜沥干后切碎，用厨房纸巾吸干多余水分。

2 将处理好的材料A与所有材料B放入干净钢盆里，混合拌匀后放入冰箱冷藏30分钟即可。

● **你也可以这样搭：** 香烤鲜鱼卷（77页）、烤黄鸡鱼（86页）、煎辣味金枪鱼（88页）、煎大虾（102页）、煎干贝（108页）。

覆盆子蔬菜油醋酱

分量：4人份　保存方法：冷藏7天

材料：

A 覆盆子200克、西芹1根、洋葱30克
　小番茄4个、黄甜椒1/8个、新鲜巴西利10克

B 橄榄油2大匙、白酒醋4大匙、盐1/4小匙
　黑胡椒碎1/8小匙

做法：

1 覆盆子、橄榄油及白酒醋放入果汁机里，搅打均匀成覆盆子酱备用。

2 西芹撕除老筋后，切小丁；洋葱去皮，切小丁；小番茄去蒂后，每个切成4个半月片；黄甜椒去子及囊，切小丁；巴西利沥干后切碎，用厨房纸巾吸干多余水分。

3 覆盆子酱放入干净钢盆内，加入其他处理好的材料A及盐、黑胡椒碎，混合拌匀后放入冰箱冷藏30分钟。

● **你也可以这样搭：** 香烤鲜鱼卷（77页）、烤黄鸡鱼（86页）、煎辣味金枪鱼（88页）。

∽ **主厨小叮咛** ∽

橄榄油一定要在搅打覆盆子酱时加入，主要是调和覆盆子酱的浓稠度，如果后面才加，会因为油水分离，而和其他材料拌不均匀。

煎鲈鱼

分量：4 人份

材料：
金目鲈鱼2条（1条约600克）

调味料：
盐1/4小匙、黑胡椒碎1/8小匙
橄榄油2大匙、白酒2大匙

配菜材料：
各色生菜40克

BOX 配菜这样做
各色生菜洗净，充分沥干水分。

做法：

1. 鲈鱼洗净，取下两边的鱼菲力后（做法详见12页），平均切成4等分，再均匀撒上盐、黑胡椒碎，放入冰箱腌渍10分钟。
2. 取厚平底煎锅，开中火烧热锅，加入橄榄油，将鱼肉的鱼皮面朝下放入贴着锅底，煎至鱼皮上色后翻面，淋入白酒，锅上锅盖，转小火，煎3分钟后熄火。
3. 插入探针式温度计至鱼肉的最厚部位，中心温度约60℃以上，表示鱼肉已经煎熟，取出排盘，放上配菜，再依个人喜好淋上以下的酱汁即可。淋上伯斯图酱和意大利老醋酱装饰。

∽ 主厨小叮咛 ∽

煎鱼时，把鱼皮贴着锅底先煎，这样鱼皮不会缩太多，而且鱼皮先煎过，吃起来特别香。

蘑菇奶油酱

分量：4 人份　保存方法：冷藏 7 天

材料：

A 蘑菇120克、红葱头60克、新鲜巴西利10克
B 无盐奶油10克、白酒120毫升、鲜奶油200毫升
　盐1/4小匙、白胡椒粉适量

做法：

1. 红葱头去皮，切片；柠檬挤汁备用。
2. 取厚平底煎锅，加入白酒、柠檬汁及红葱头片，用中火煮沸，待汤汁煮至浓缩成1/4量后，转小火，加入鲜奶油煮沸，再煮约2分钟后，加入盐、白胡椒粉调味，熄火，静置2分钟。
3. 加入无盐奶油乳化拌匀即可。

● **你也可以这样搭：** 蒸石斑鱼（80页）、香蒜橄榄油煎三文鱼（90页）、菠菜镶鲷鱼（92页）、培根虾卷（106页）。

柠檬奶油酱

分量：4人份　保存方法：冷藏7天

材料：

A 红葱头40克、柠檬1个
B 白酒200毫升、鲜奶油200毫升
　　盐1/4小匙、白胡椒粉适量
　　无盐奶油40克

∽ 主厨小叮咛 ∽

1. 鲜奶油遇酸会结块，所以奶油酱的酸性物质一定都要先煮过降低酸度，才可加入鲜奶油继续浓缩。
2. 乳化过程中，除了让酱汁有滑口感觉外，另外，是为了让酱汁有浓稠度，所以奶油分量较多，这时温度非常重要，刚煮好的酱汁不要立即加入奶油，否则酱汁会油水分离。

材料：

A 青葱1根、熟白芝麻1大匙
　　柠檬1个
B 香油1小匙、辣根酱1小匙
　　美式蛋黄酱120克
　　匈牙利红椒粉1大匙

做法：

1. 青葱切葱碎；柠檬挤汁备用。
2. 取干净钢盆，放入葱碎、熟白芝麻及柠檬汁，再加入材料B，用大汤匙顺时钟方向搅拌均匀即可。

● **你也可以这样搭：** 蒸石斑鱼（80页）、粉炸鱼排（84页）、烤大海虾（104页）。炸鱼或是烫海鲜，也适合搭配这道酱汁。

辣根红椒酱

分量：4人份　保存方法：冷藏7天

∽ 主厨小叮咛 ∽

1. 这是一道海鲜蘸酱，喜食辣者，可适量加入红辣椒碎或是Tabasco辣椒水。
2. 拌酱汁时，要朝同一方向搅拌，乱拌会拌不匀，以顺时钟方向较顺手。

做法：

1. 蘑菇切片；红葱头去皮后切片；巴西利沥干后切碎，用厨房纸巾吸干多余水分备用。
2. 取厚平底煎锅，开中火热锅，加入无盐奶油，放入红葱头片炒香，再加入蘑菇片炒至上色后，转小火，加入白酒，煮至汤汁浓缩成1/2量，再加入鲜奶油煮沸，煮约1分钟。
3. 加入盐、白胡椒粉调味，再加入巴西利碎即可熄火。

● **你也可以这样搭：** 蒸石斑鱼（80页）、香蒜橄榄油煎三文鱼（90页）。

做法：

1 鳕鱼菲力均分切成长方形片，共8等分，每份约50克，加入盐、黑胡椒碎及白酒混合拌匀，放入冰箱冷藏腌渍10分钟后取出。

2 面粉、面包粉分别用小碟装好；鸡蛋打成蛋液备用。

3 将腌好的鱼片用厨房纸巾擦干水分，每片再依序均匀地沾裹上一层面粉、蛋液及面包粉。

4 取油炸锅，加入色拉油，开中火加热至175℃，放入沾好面包粉的鱼排，持续用175℃炸至表面呈金黄色后，取出，插入探针式温度计至鱼排的中心处，中心温度约75℃以上即可排盘，再依个人喜好淋上以下的酱汁即可。

粉炸鱼排

分量：4人份

材料： 鳕鱼菲力400克、低筋面粉1/2杯、鸡蛋2个、面包粉200克

调味料： 盐1/4小匙、黑胡椒碎1/8小匙、白酒1大匙、色拉油2杯

∽ 主厨小叮咛 ∽

1 鱼类中心温度约60℃以上就熟了，而且肉质软嫩，若到100℃鱼肉会糊掉，反而不好吃。

2 西式油炸不像中式油炸，是用一定温度从头炸到熟，不需要二次回炸。

甜椒木瓜酱

分量：4人份　保存方法：冷藏7天

∽ 主厨小叮咛 ∽

拌好的酱料放入冰箱冷藏30分钟，主要是让所有材料的味道都能完全释放出来。

● **你也可以这样搭：** 香烤鲜鱼卷（77页）、煎辣味金枪鱼（88页）、酥炸蟹肉饼（110页）。

材料：

A 木瓜1/4个（约300克）
小黄瓜1根（约120克）、红甜椒1个
红辣椒1根、嫩姜60克、新鲜薄荷叶10克、柠檬1个

B 蜂蜜2大匙、橄榄油2大匙、泰式鱼露1大匙

做法：

1 柠檬挤汁，与材料B一起放入干净钢盆里拌匀备用。

2 木瓜去皮、子后切丁；小黄瓜切丁；红甜椒去子及囊，切丁；红辣椒去子后切碎；嫩姜去皮，切细丝；薄荷叶沥干后切丝，用厨房纸巾吸干多余水分。

3 将所有切好的材料A放入调味料钢盆里，混合拌匀后放入冰箱冷藏30分钟即可。

香蕉咖哩酱

分量：4 人份　保存方法：冷藏 7 天

材料：
A 香蕉1根（约200克）
　洋葱1/4头（约60克）、大蒜60克
　原味酸奶200克、红辣椒1根
　香菜20克、柠檬1个
B 细砂糖1/4小匙、盐1/4小匙
　无盐奶油20克、印度咖哩粉1大匙
　姜黄粉1小匙、豆蔻粉1/2小匙
　小茴香粉1/2小匙

做法：
1 柠檬挤汁，与细砂糖、盐放入干净钢盆里，混合拌匀备用。
2 香蕉去皮，切成圆片状后，放入做法1钢盆内，拌匀备用。
3 洋葱、大蒜分别去皮，切碎；红辣椒洗净，去子后切碎；香菜沥干后切碎备用。
4 取厚平底煎锅，开中火热锅，加入无盐奶油，放入洋葱碎、大蒜碎炒香后，转小火，加入印度咖哩粉、姜黄粉、豆蔻粉及小茴香粉拌炒1分钟后熄火，放凉冷却成咖哩香料。
5 将酸奶及放凉的咖哩香料一起放入盛有香蕉的钢盆内，再加入红辣椒碎、香菜碎混合拌匀，放入冰箱冷藏30分钟即可。

● **你也可以这样搭：** 香烤鲜鱼卷（77页）、酥炸蟹肉饼（110页）。

∽ 主厨小叮咛 ∽

也可多多利用当令水果，如苹果、菠萝、樱桃、芒果……代替香蕉，味道也很好。

柠檬番茄莎莎酱

分量：4 人份　保存方法：冷藏 7 天

材料：
A 金黄小番茄12个（约120克）
　圣女小番茄12个（约120克）
　新鲜薄荷叶10克、新鲜巴西利10克
　嫩姜60克、柠檬2个
B 盐1/4小匙、黑胡椒碎1/8小匙
　Tabasco辣椒水1小匙、细砂糖1/2大匙
　橄榄油2大匙

做法：
1 柠檬挤汁，与其他材料B一起放入干净钢盆里，用大汤匙以顺时钟方向拌匀备用。
2 两种小番茄去蒂后，每个切小块；薄荷叶、巴西利分别沥干后切碎，用厨房纸巾吸干多余水分；嫩姜去皮，切碎。
3 把小番茄块放入调好的调味料里，再放入香料碎及嫩姜碎，用大汤匙轻轻搅拌后放入冰箱冷藏30分钟即可。

● **你也可以这样搭：** 香烤鲜鱼卷（77页）、菠菜镶鲷鱼（92页）、酥炸蟹肉饼（110页）。

∽ 主厨小叮咛 ∽

1 这是一道加了新鲜薄荷叶的番茄莎莎酱，味道十分清新。另外，也可以使用泰式香料来改变味道，例如添加新鲜柠檬叶及香茅，就成了泰式番茄莎莎酱。
2 拌好的酱料放入冰箱冷藏30分钟，主要是让所有材料的味道都能完全释放出来。

烤黄鸡鱼

分量：4 人份

材料： 黄鸡鱼1尾（约800克）、洋葱半头（约120克）、小番茄120克、柠檬1个

调味料： 橄榄油2大匙、白酒2大匙、盐1/4小匙、黑胡椒碎1/8小匙、意大利综合香料1小匙

配菜材料： 菠菜200克

姜味奶油酱

分量：4 人份　保存方法：冷藏 7 天

材料：

A 嫩姜120克
红葱头60克

B 白酒200毫升、鲜奶油200毫升
盐1/4小匙、白胡椒粉适量
无盐奶油10克

做法：

1 嫩姜洗净，切碎；红葱头去皮，切碎备用。

2 取厚平底煎锅，放入白酒、红葱头碎、嫩姜碎，开中火煮沸，待汤汁煮至浓缩成1/4量后，转小火，加入鲜奶油煮沸，再煮至汤汁呈稠状，加入盐、白胡椒粉调味，熄火。

3 加入无盐奶油，乳化拌匀过滤即可。可用红葱头丝装饰。

● **你也可以这样搭：** 香烤鲜鱼卷（77页）、菠菜镶鲷鱼（92页）、酥炸蟹肉饼（110页）。

∾ 主厨小叮咛 ∾

无盐奶油还未使用前，要放在冰箱内，这样乳化效果比较好。

芝麻味噌酱

分量：4 人份　保存方法：冷藏 7 天

材料：

A 熟白芝麻1大匙、柠檬1个

B 芝麻酱2大匙、味噌1大匙
蜂蜜1大匙

做法：

取干净钢盆，挤入柠檬汁，加入所有材料，用大汤匙或打蛋器混合拌匀即可。

● **你也可以这样搭：** 粉炸鱼排（84页）、煎辣味金枪鱼（88页）、菠菜镶鲷鱼（92页）、煎大虾（102页）、酥炸蟹肉饼（110页）。

BOX 配菜这样做

取厚平底煎锅，开中火热锅，放入少许橄榄油，放入菠菜段炒熟，加入盐、白胡椒粉调味。

做法：

1 准备烤箱，用上/下火185℃预热6分钟。

2 黄鸡鱼取下两边的鱼菲力后（做法详见12页），平均切成8等分备用。

3 洋葱去皮，切碎；小番茄去蒂；柠檬对切开。

4 取铝箔纸一张，铺放于烤盘上，铺撒洋葱碎，再摆上鱼菲力、小番茄，淋上橄榄油、白酒，撒上盐、黑胡椒碎及意大利综合香料。

5 放入预热好的烤箱，用上/下火185℃烘烤8分钟，取出，插入探针式温度计至鱼肉的最厚部位，中心温度约60℃以上，表示鱼肉已经烤熟，摆上配菜，食用前挤上柠檬汁，再依个人喜好淋上以下的酱汁即可。

∞ 主厨小叮咛 ∞

烤鱼料理的配菜，可以选择耐烤易熟的蔬菜，如栉瓜、茄子、甜椒、胡萝卜，或是整个大蒜，都非常适合。烤之前先垫蔬菜，以免鱼肉会粘在铝箔纸上。

∞ 主厨小叮咛 ∞

芝麻酱选用中式或日式均可，但颜色以褐色的白芝麻酱为宜。

西瓜莎莎酱

分量：4人份　保存方法：冷藏7天

材料：

A 西瓜肉200克、金黄小番茄6个（约80克）香菜10克、红辣椒1根、青葱1根、柠檬1个

B 泰式鱼露1小匙

做法：

1 西瓜肉切丁状；金黄小番茄去蒂，切丁状；香菜切碎，用厨房纸巾吸干多余水分；红辣椒去子后切碎；青葱切葱碎；柠檬挤汁。

2 所有材料放入干净钢盆里，用大汤匙轻轻拌匀，放入冰箱冷藏30分钟即可。

● **你也可以这样搭：** 香烤鲜鱼卷（77页）、粉炸鱼排（84页）、酥炸蟹肉饼（110页）。

∞ 主厨小叮咛 ∞

1 选用金黄小番茄是因为西瓜已经是红色，若再搭配红色番茄，就无法突显出酱汁的特色。

2 这道酱汁要轻轻搅拌，以免西瓜肉糊掉。

煎辣味金枪鱼

分量：4人份

材料： 冷冻金枪鱼（或金枪鱼生鱼片）500克

调味料： 七味粉（或黑胡椒粉）1小匙、盐1/4小匙、橄榄油2大匙

配菜材料： 金黄小番茄12个、红色小番茄12个

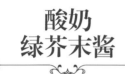

酸奶绿芥末酱

分量：4人份　保存方法：冷藏7天

材料：

A 原味酸奶200克、香菜10克
　新鲜薄荷叶10克、柠檬1个

B 绿芥末粉5克、冷开水1大匙、小茴香粉1小匙
　细砂糖1大匙、盐1/2小匙、橄榄油1大匙

做法：

1 香菜、薄荷叶沥干水分；柠檬挤汁备用。

2 绿芥末粉与冷开水混合拌匀，静置发酵10分钟备用。

3 发酵好的芥末酱与其余材料全部放入容器内，用调理棒打成泥状即可。可用新鲜薄荷叶装饰。

● **你也可以这样搭：** 烤鳕鱼（94页）、蒸海鲷鱼（100页）、培根虾卷（106页）、酥炸蟹肉饼（110页）。

∞ **主厨小叮咛** ∞

绿芥末粉和水调匀后一定要充分发酵，否则酱汁会苦；若没有绿芥末粉，可用条状芥末酱15克，就不需要发酵，直接使用。

胡萝卜酱

分量：4人份　保存方法：冷藏7天

材料：

A 胡萝卜1根（约250克）
　嫩姜100克
　红葱头30克、红辣椒1根
　熟白芝麻1大匙

B 橄榄油1大匙、冷开水1杯
　细砂糖1大匙、白酒醋100毫升

∞ **主厨小叮咛** ∞

这道酱汁适合热食，所以依主菜烹煮时间，再加热即可。

两种小番茄去蒂后，金黄小番茄切圆片，圣女小番茄每个切成4个半月片，全部切好后放入干净钢盆里，加入盐1/4小匙、橄榄油1大匙拌匀即可。

做法：

1 金枪鱼整块均匀抹上七味粉及盐备用。
2 取厚平底煎锅，开中火烧热锅，加入橄榄油，放入金枪鱼，四个表面平均各煎约30秒，取出，切厚1.5厘米片状，排于盘中，四周放上配菜，再依个人喜好淋上以下的酱汁即可。

∽ 主厨小叮咛 ∽

这种金枪鱼就是要吃中间生、表面熟的双重口感，所以放入锅里煎的时间不宜过久，鱼表面煎30秒的熟度最好。

做法：

1 胡萝卜去皮，切丁；嫩姜、红葱头去皮，切碎；红辣椒去子，切碎备用。
2 取厚平底煎锅，开中火热锅，加入橄榄油，放入红葱头碎炒香，再加入胡萝卜丁拌炒均匀后，加入嫩姜碎、红辣椒碎炒香，加入冷开水，盖上锅盖焖煮5分钟后，加入细砂糖、白酒醋，煮沸后熄火，静置冷却10分钟。
3 将冷却的胡萝卜酱汁放入容器内，加入熟白芝麻，用调理棒打成泥状即可，放冰箱冷藏。

● **你也可以这样搭：** 烤鳕鱼（94页）、蒸石斑鱼（80页）。

松露油西芹八角香菜汁

分量：4人份　保存方法：现做现用

材料：

A 西芹4根、香菜20克
B 八角4个、白酒200毫升、松露油2小匙、盐1/4小匙
　白胡椒粉1/8小匙

做法：

1 八角与白酒放入厚平底煎锅里，用小火煮2分钟后，过滤取八角汁，放凉备用。
2 西芹撕除老筋后，切块；香菜切段，用厨房纸巾吸干多余水分。
3 西芹块、香菜段、八角汁及其余材料B放入容器内，用调理棒打成泥状即可。可用整个八角装饰。

● **你也可以这样搭：** 香烤鲜鱼卷（77页）、蒸石斑鱼（80页）。

∽ 主厨小叮咛 ∽

这是一道创意酱汁，把东方香料与西方材料融合一起。

香蒜橄榄油
煎三文鱼

分量：4人份

材料： 新鲜三文鱼排4片（每片
120克）、大蒜40克

调味料： 橄榄油2大匙、盐1/4
小匙、黑胡椒粉1/8小
匙、白酒2大匙

青葱香草
奶油酱

分量：4人份　保存方法：冷藏7天

材料：

A 洋葱30克、红葱头4个、青葱2根
香草豆荚1个、新鲜茴香5克

B 无盐奶油10克、白兰地2大匙
鲜奶油200毫升、盐1/4小匙
白胡椒粉适量

做法：

1 洋葱去皮，切碎；红葱头去皮，切
丝；青葱切葱花；香草豆荚切开，刮
取香草泥；茴香沥干后切碎，用厨房
纸巾吸干多余水分备用。

2 取厚平底煎锅，开中火热锅，加入无
盐奶油，放入洋葱碎、红葱头丝及葱
花炒香后，转小火，倒入白兰地，煮
至酒精挥发掉，再加入香草泥及香草
豆荚拌匀，加入鲜奶油煮沸，香草香
味出来后，取出香草豆荚。

3 加入盐、白胡椒粉调味后熄火，加入茴
香碎拌匀即可。可用香草豆荚装饰。

∽ 主厨小叮咛 ∽

香草豆荚若买不到可
用香草精替代，此配
方约使用1/2小匙的
量。

蛤蜊青蒜酱

分量：4人份　保存方法：冷藏7天

材料：

A 大蛤蜊300克
烤过松子30克
青蒜1根
新鲜巴西利10克
大蒜30克

B 白酒100毫升
橄榄油2大匙
盐1/4小匙
白胡椒粉适量

● **你也可以这样搭：**
蒸石斑鱼（80页）、
烤鳕鱼（94页）、蒸
海鲷鱼（100页）。

做法：

1 大蒜去皮，切碎，与橄榄油拌匀成蒜油备用。
2 三文鱼均匀撒上盐及黑胡椒碎，放入冰箱冷藏腌渍10分钟备用。
3 取厚平底煎锅，开中火烧热锅，加入蒜油，放入腌渍好的三文鱼排，煎至一面微上色后，翻面，煎至另一面微上色后，淋入白酒，盖上锅盖，转小火，煎4分钟后熄火。
4 插入探针式温度计至鱼肉的最厚部位，中心温度约52℃，取出排盘，再依个人喜好淋上以下的酱汁即可。

∽ 主厨小叮咛 ∽

新鲜三文鱼不要煎太熟，否则肉会太柴，不好吃，鱼排的中心温度约52℃时，鱼肉最嫩、最好吃。

生蚝酱

分量：4人份　保存方法：现做现用

材料：

A 鲜蚵300克、红葱头20克、罗勒10克
B 橄榄油1大匙、白酒100毫升、盐1/4小匙
　白胡椒粉适量

做法：

1 鲜蚵放入沸水汆烫一下去除表面黏液后，捞出沥干备用。
2 红葱头去皮，切丝；罗勒沥干备用。
3 取厚平底煎锅，开中火热锅，加入橄榄油，放入红葱头丝炒香，再加入鲜蚵拌炒一下后，加入白酒煮沸，捞除表面杂质，再加盐、白胡椒粉调味，最后加入罗勒煮沸，即可熄火。

● **你也可以这样搭：** 蒸石斑鱼（80页）、烤鳕鱼（94页）、蒸海鲷鱼（100页）。

∽ 主厨小叮咛 ∽

建议用鲜蚵，比较新鲜、便宜，若用进口的，冷藏的很贵，而冷冻的味道不佳。

做法：

1 大蛤蜊泡水吐尽沙；青蒜切段；巴西利沥干后取叶；大蒜去皮，切碎备用。
2 大蛤蜊放入厚平底煎锅中，加入白酒，盖上锅盖，开大火，煮沸后熄火，捞出，过滤出汤汁备用。
3 蛤蜊汤汁与松子、青蒜段、巴西利叶放入调理机里，搅打成青蒜泥备用。
4 取厚平底煎锅，开中火热锅，加入橄榄油，转小火，放入大蒜碎炒香后，加入大蛤蜊及青蒜泥，放盐、白胡椒粉炒匀即可。

● **你也可以这样搭：** 蒸石斑鱼（80页）、烤鳕鱼（94页）、蒸海鲷鱼（100页）。

菠菜镶鲷鱼

分量：4人份

材料：

A 潮鲷鱼片360克

B 菠菜200克
洋葱半头（约120克）、大蒜60克

调味料：

A 盐1/4小匙、黑胡椒碎1/8小匙
橄榄油1大匙

B 无盐奶油20克、白酒1大匙
盐1/4小匙、白胡椒粉适量
鲜奶油60毫升

∽ 主厨小叮咛 ∽

镶的方式有很多种，卷的、堆叠的、包起酥皮的，均可称为镶。

做法：

1 潮鲷鱼片均匀切成8等分，撒上调味料A的盐、黑胡椒碎备用。

2 菠菜切除根部，放入沸水烫熟，取出，浸泡冰块水，冰镇冷却后挤干水分，切碎；洋葱、大蒜分别去皮，切碎备用。

3 取厚平底煎锅，开中火烧热锅，加入无盐奶油，放入大蒜碎、洋葱碎炒香，加入白酒，煮至汁液收干时，放入菠菜碎炒热，再加入调味料B的盐及白胡椒粉调味，加入鲜奶油煮沸后，盛出备用。

4 另取一厚平底煎锅，开中火烧热锅，加入橄榄油，放入鱼片，一面煎熟后翻面，另一面也煎熟后取出。

5 排上一片鱼肉于盘上，铺放上适量菠菜泥，再叠上另一片鱼肉，依个人喜好淋上以下的酱汁即可。

夏布里白酒芥末酱

分量：4人份　保存方法：现做现用

材料：

A 红葱头60克、新鲜巴西利20克

B 白酒200毫升、鲜奶油200毫升、法式芥末子酱2大匙
盐1/4小匙、白胡椒粉适量、无盐奶油20克

阳光莎莎酱

分量：4人份　保存方法：冷藏7天

材料：

A 奇异果1个、罐头水蜜桃1/2个、香橙1个、小番茄6个
　黑橄榄8个、西芹1根、紫洋葱1/4个、香菜10克

B 白酒醋2大匙、橄榄油2大匙

做法：

1 奇异果去皮，切丁；水蜜桃切丁；香橙去皮取果肉，部分果肉切成丁状，部分果肉挤汁。

2 小番茄去蒂，与黑橄榄每个分别切成4个半月片备用。

3 西芹撕除老筋后，切丁；紫洋葱去皮，切丁；香菜沥干后切碎备用。

4 取干净钢盆，放入白酒醋、橄榄油，用大汤匙拌匀，再加入所有材料A，拌匀后放入冰箱冷藏30分钟即可。

∽ 主厨小叮咛 ∽

选用紫洋葱，除了颜色好看之外，它较有甜味，如买不到紫洋葱，可用一般洋葱取代。

● **你也可以这样搭：** 蒸石斑鱼（80页）、烤大海虾（104页）、煎干贝（108页）。

材料：

A 洋葱1/4头（约60克）、蘑菇4朵、雪白菇（可用滑子菇代替）40克、蟹味菇40克、藏红花粉（或丝）2克

B 无盐奶油20克、白酒100毫升、鲜奶油120毫升
　盐1/4小匙、白胡椒粉适量

做法：

1 洋葱去皮，切碎；蘑菇每朵切成4等分；雪白菇、蟹味菇去根部备用。

2 取厚平底煎锅，开中火热锅，加入无盐奶油，放入洋葱碎炒香，再加入三种菇炒熟后，加入藏红花及白酒煮沸，煮至汤汁浓缩成1/2量，再加入鲜奶油，煮至汤汁浓稠，并且藏红花释出金黄色泽。

3 加入盐、白胡椒粉调味即可。

● **你也可以这样搭：** 煎鲈鱼（82页）、煎干贝（108页）。

藏红花野菇奶油酱

分量：4人份　保存方法：冷藏7天

∽ 主厨小叮咛 ∽

藏红花可在进口食材店买到。以西班牙产的品质好、颜色漂亮，但价格贵。

做法：

1 红葱头去皮，切碎；巴西利沥干后切碎，用厨房纸巾吸干多余水分备用。

2 取厚平底煎锅，放入红葱头碎、白酒，用中火煮沸，煮至汤汁浓缩成1/4量，转小火，加入鲜奶油煮沸，再煮约2分钟后，加入法式芥末子酱、巴西利碎拌匀后，加入盐、白胡椒粉调味，熄火。

3 加入无盐奶油，乳化拌匀即可。

● **你也可以这样搭：** 蒸石斑鱼（80页）、煎鲈鱼（82页）。

∽ 主厨小叮咛 ∽

这道酱汁的白酒可用产自夏布里的白葡萄酒；若没有也可以用一般的白酒。

做法：

1 准备烤箱，用上/下火175℃预热6分钟。

2 鳕鱼菲力均匀切成8等分，撒上盐、黑胡椒碎，放入冰箱冷藏腌渍10分钟备用。

3 取厚平底煎锅，开中火烧热锅，加入橄榄油，放入鳕鱼块，煎至一面微上色后，翻面，煎至另一面微上色，淋入白酒。

4 放入预热好的烤箱，用上/火175℃烘烤6分钟，取出，插入探针式温度计至鱼肉的最厚部位，中心温度约60℃以上，表示鱼肉已经烤熟，盘底放上配菜，摆上鱼肉，再依个人喜好淋上以下的酱汁即可。

烤鳕鱼

分量：4人份

材料： 鳕鱼菲力500克

调味料： 盐1/4小匙、黑胡椒碎1/8小匙、橄榄油2大匙、白酒2大匙

配菜材料： 豌豆荚120克、金黄小番茄12个、圣女小番茄12个

BOX 配菜这样做

豌豆荚撕除两旁老筋；两种小番茄去蒂后，切丁状。取厚平底煎锅，加入橄榄油1大匙，开中火，放入蔬菜炒熟，加入适量盐、黑胡椒碎调味。

∞ 主厨小叮咛 ∞

一般市场上鳕鱼分为圆鳕、扁鳕，这两种都可选用，但以肉厚的圆鳕肉质较好吃。

褐色洋葱奶油酱

分量：4人份　保存方法：冷藏7天

∞ 主厨小叮咛 ∞

炒洋葱丝一定要有耐心，与洋葱汤一样，火候不能过大，否则容易焦掉，要慢慢炒至深褐色，需要一点时间。

● **你也可以这样搭：** 香蒜橄榄油煎三文鱼（90页）。

材料：

A 洋葱1头（约250克）干燥俄力冈香料2克

B 无盐奶油20克、白酒100毫升鲜奶油100毫升、盐1/4小匙白胡椒粉适量

做法：

1 洋葱去皮，切丝。

2 取厚平底煎锅，开中火热锅，加入无盐奶油，转中小火，放入洋葱丝慢慢炒成深褐色后，加入俄力冈香料拌炒均匀，再加入白酒，煮至汤汁收干后转小火，加入鲜奶油煮沸，加盐、白胡椒粉调味即可。

鳀鱼起司酱

分量：4人份　保存方法：冷藏7天

材料：

A 洋葱1/4头（约60克）、罐头鳀鱼20克
起司片2片、青柠檬1/2个、新鲜百里香2克
新鲜巴西利10克

B 白酒100毫升、鲜奶油100毫升、盐适量
白胡椒粉适量、无盐奶油10克

做法：

1 洋葱去皮，切碎；鳀鱼切小丁；柠檬挤
汁，取绿皮部分，切碎；百里香、巴西利
分别沥干后切碎，用厨房纸巾吸干多余水
分备用。

2 取厚平底煎锅，加入洋葱碎、白酒及柠檬
汁，开中火，煮沸后转小火煮1分钟，再加
入鲜奶油，煮沸后放入起司片，搅拌至融
化有浓稠度。

3 放入鳀鱼丁及柠檬绿皮碎、两种香料碎拌
匀，再加入盐、白胡椒粉调味后熄火。

4 加入无盐奶油，乳化拌匀即可。

● **你也可以这样搭：**煎鲈鱼（82页）、菠菜镶
鲷鱼（92页）。

煎鲈鱼（82页）、菠菜镶鲷鱼（92页）

⧐〜 主厨小叮咛 〜⧐

鳀鱼是盐腌渍品，非常咸，在酱汁做好调味
前，一定要先测试咸度，再决定盐的用量。

辣味青椒酱

分量：4人份　保存方法：现做现用

材料：

A 洋葱1/4头（约60克）、大蒜60克
圆青椒1个（约200克）、尖青椒1根
香菜10克

B 橄榄油2大匙、绿胡椒粒2大匙
白酒100毫升、盐1/4小匙
无盐奶油20克

做法：

1 洋葱、大蒜分别去皮，切碎；圆青椒去子
及囊，切碎；尖青椒去子，切碎；香菜沥
干后切碎备用。

2 取厚平底煎锅，开中火热锅，加入橄榄油，
放入洋葱碎、大蒜碎及圆青椒碎炒透，再加
入绿胡椒粒及尖青椒碎炒出香味。

3 加入白酒煮沸，煮至汤汁浓缩成1/2量
后，转小火，加入香菜碎拌匀，再加入盐
调味后熄火。

4 加入无盐奶油，乳化拌匀即可。

● **你也可以这样搭：**蒸石斑鱼（80页）、煎鲈
鱼（82页）。

蒸石斑鱼（80页）、煎鲈鱼（82页）

⧐〜 主厨小叮咛 〜⧐

1 绿色胡椒是胡椒现摘的颜色，采取低温
冷藏干燥方式，所以味道辛香。

2 这道酱汁加尖青椒是用来提升辣味，如
果不喜欢辣，可以不加。

双色鱼卷

分量：4人份

白酒蛤蜊酱

分量：4人份　保存方法：现做现用

材料：
A 蛤蜊200克、红葱头60克
B 白酒200毫升、鲜奶油200毫升、盐1/8小匙
　　白胡椒粉适量、无盐奶油20克

材料：潮鲷鱼片320克、熏三文鱼8片
调味料：盐1/4小匙、白胡椒粉1/8小匙
配菜材料：市售熟豌豆仁120克

BOX 配菜这样做

取厚平底煎锅，热锅，放入无盐奶油10克，转中小火，放入豌豆仁拌炒一下，再加入盐1/4小匙、白胡椒粉1/8小匙调味即可。

∽ 主厨小叮咛 ∽

1 鱼卷卷法有很多种方式，其中最简单的方式为鱼片直接包卷鱼条，只要鱼片的宽度及长度足够，再把手指粗大小的鱼条包入卷成圆筒状即可；将两片大小相同的鱼片重叠在一起，卷成卷状，也是鱼卷的卷法之一。

2 在市场上，潮鲷鱼片一般是真空包装销售，是取鱼的两片肉，所以又称为鱼菲力。

做法：

1 准备烤箱，用上/下火175℃预热6分钟。

2 潮鲷鱼片斜刀片成厚0.5厘米薄长片【图1】，共切8片。

3 取一片切好的潮鲷鱼薄片，卷成小圆锥状【图2】，再取一片熏三文鱼，贴着潮鲷鱼薄片卷成圆锥状【图3】，另再取一片潮鲷鱼片，同样贴着熏三文鱼慢慢卷成圆锥状【图4】，再取一片熏三文鱼，贴着潮鲷鱼片慢慢卷成圆锥状，用手整理边缘，让鱼卷成玫瑰花形状，依序卷完所有鱼卷。

4 准备圆形容器【图5】，将玫瑰花鱼卷放于容器上【图6】，用牙签插入固定好鱼卷，以免蒸好取出时鱼卷松开。

5 取铝箔纸一张，铺放于烤盘上，摆上做好的鱼卷，撒上盐、白胡椒粉备用。

6 鱼卷放入预热好的烤箱，用上/下火175℃烘烤10分钟，取出【图7】，盘底先铺上配菜，再把鱼卷脱模，排在配菜上，再依个人喜好淋上以下的酱汁即可。

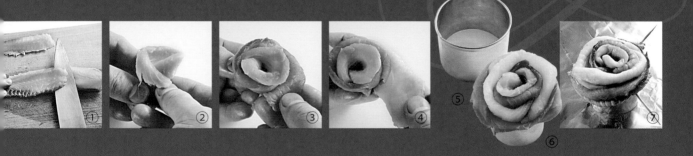

做法：

1 蛤蜊泡水吐尽沙；红葱头去皮，切碎。

2 取厚平底煎锅，放入蛤蜊、白酒，用中火煮沸，待蛤蜊张开口后熄火，过滤出蛤蜊白酒汁，另把蛤蜊肉取出，壳丢弃。

3 取厚平底煎锅，放入蛤蜊白酒汁、红葱头碎，用中火煮沸，待汤汁煮至浓缩成1/4量后，转小火，加入鲜奶油煮沸，再煮约2分钟后，加盐、白胡椒粉调味后熄火。

4 再加入无盐奶油乳化拌匀。

5 将蛤蜊肉放入，开小火回温一下即可。

● **你也可以这样搭：**菠菜镶鲷鱼（92页）。

∽ 主厨小叮咛 ∽

为了增加酱汁香气及颜色，可另外加入各10克的巴西利碎及罗勒碎。

奶油鱼子酱

分量：4人份　保存方法：现做现用

材料：
A 红葱头60克、三文鱼子50克
B 白酒200毫升、鲜奶油200毫升、盐1/8小匙
白胡椒粉适量、无盐奶油10克

∽ 主厨小叮咛 ∽

在加入奶油乳化时，酱汁已经降温，所以酱汁是温的，不会导致鱼子变熟。

做法：

1 红葱头去皮，切碎备用。
2 取厚平底煎锅，放入红葱头碎、白酒，用中火煮沸，待汤汁煮至浓缩成1/4量后，转小火，加入鲜奶油煮沸，再煮约2分钟，加入盐、白胡椒粉调味后立即熄火，加入无盐奶油，待乳化拌匀后过滤。
3 将三文鱼子加入过滤的酱汁内即可。

● **你也可以这样搭：** 菠菜镶鲷鱼（92页）、煎干贝（108页）。

番茄白酒香菜酱

分量：4人份　保存方法：现做现用

∽ 主厨小叮咛 ∽

这道酱汁较浓稠，而且用调理棒打成泥状时会有一些泡泡产生，这属于正常现象，泡泡也可以增加酱汁的特殊口感。

● **你也可以这样搭：** 蒸石斑鱼（80页）、煎鲈鱼（82页）。

材料：
A 番茄2个、洋葱1/4头（约60克）
大蒜20克、香菜20克
B 橄榄油2大匙、番茄糊1大匙、八角4个
鱼高汤（或水）200毫升、白酒200毫升、鲜奶油50毫升
盐1/4小匙、细砂糖1/8小匙、白胡椒粉适量

做法：

1 番茄去蒂后，切块；洋葱、大蒜分别去皮，切碎；香菜沥干后取梗切长段备用。
2 取厚平底煎锅，开中火热锅，放入橄榄油、洋葱碎、大蒜碎，炒香后转小火，加入番茄糊拌炒均匀，再加入番茄块、八角、香菜段、鱼高汤及白酒，煮沸约2分钟后，加入鲜奶油，再煮沸约2分钟，加入盐、细砂糖、白胡椒粉调味后熄火，放凉，取出八角。
3 煮好放凉的材料放入容器内【图1】，用调埋棒打成泥状、有泡泡【图2、图3】即可。

① ② ③

鱼高汤做法

1 将1千克鱼骨洗净；1头洋葱去皮、2根青蒜及西芹切除根部后，与6朵蘑菇分别洗净，全部切成小丁状。
2 取一深汤锅，加入1大匙橄榄油，开中火，先将所有蔬菜丁放入爆香后，加入鱼骨及新鲜百里香2根、月桂叶1片、白胡椒粒5个、白酒250毫升、水1升，用大火煮开后将浮起的杂质捞除，再转小火，煮约20分钟即可关火，浸泡40分钟后，过滤残渣留取汤汁即可。

∽ 主厨小叮咛 ∽

★ 鱼骨没有限定种类，只要新鲜就可以拿来熬汤，但是鱼高汤不能久煮，否则汤汁就会变成白色。
★ 煮好的高汤浸泡一段时间的目的是，让蔬菜甜味释放出来，高汤也较清澈。
★ 鱼高汤可当作各式海鲜汤品或海鲜料理的基底原料，也可搭配其他调味料做成鱼排的淋酱。
★ 鱼骨高汤可做1升，冷藏保存3天、冷冻30天。

蒸海鲷鱼

分量：4人份

材料：海鲷鱼菲力4片（每片120克）、洋葱半头（约120克）

调味料：橄榄油2大匙、盐1/4小匙、黑胡椒碎1/8小匙、白酒2大匙、冷开水2大匙

配菜材料：胡萝卜1/2条、白萝卜半根

BOX 配菜这样做

胡萝卜、白萝卜洗净，去皮，切块，用小刀修成橄榄形，煮熟即可。

做法：

1 海鲷鱼片用厨房纸巾吸干水分，均匀撒上盐、黑胡椒碎，放入冰箱腌渍10分钟；洋葱去皮，切碎备用。

2 取厚平底煎锅，加入橄榄油，撒入洋葱碎，放上海鲷鱼片，加入白酒及水，盖上锅盖，开大火，煮沸后转小火，蒸约6分钟后熄火。

3 插入探针式温度计至鱼肉的最厚部位，中心温度约60℃以上，表示鱼肉已经蒸熟，取出排盘，放上配菜，再依个人喜好淋上以下的酱汁。

∽ 主厨小叮咛 ∽

海鲷鱼因为油脂较丰厚，蒸熟的时间会比一般鱼稍长些。

威尼斯炖菜

分量：4人份　保存方法：现做现用

∽ 主厨小叮咛 ∽

1 炖菜所选用的蔬菜，以烹煮后容易保持原色为首选，其他以当季盛产为主。

2 威尼斯炖菜跟一般传统炖菜不一样，为了保持蔬菜颜色及口感，不需要像传统炖菜，炖煮成烂烂的。

材料：

A 大蒜20克、洋葱1/4头（约60克）
蘑菇4朵、番茄1个（约125克）
黄甜椒1/4个、红甜椒1/4个
芦笋2根、黑橄榄6个、新鲜巴西利5克
新鲜迷迭香2克、干燥俄力冈香料2克

B 橄榄油2大匙、盐1/4小匙
黑胡椒碎1/8小匙

经典白酒奶油酱

分量：4人份　保存方法：现做现用

材料：

A 红葱头80克、月桂叶2片
B 丁香4个、白酒200毫升
　　鲜奶油200毫升、盐1/4小匙
　　白胡椒粉适量、无盐奶油50克

做法：

1 红葱头去皮，切碎备用。
2 取厚平底煎锅，放入红葱头碎、月桂叶、丁香及白酒，开中火，煮沸后转小火，煮至汤汁浓缩成1/4量，加入鲜奶油煮沸，煮约2分钟，浓缩至稠状后熄火，加入盐、白胡椒粉调味。
3 放入无盐奶油，用打蛋器顺时钟方向迅速搅拌，乳化后过滤即可。

● **你也可以这样搭：** 煎鲈鱼（82页）、培根虾卷（106页）、煎干贝（108页）。

▱▱▱ **主厨小叮咛** ▱▱▱

无盐奶油未使用前，请先放冰箱冷藏好，使用时再取出，这样乳化效果才好。

芥末子芫荽奶油酱

分量：4人份　保存方法：现做现用

材料：

A 红葱头60克、香菜10克
B 八角4个、白酒200毫升、鲜奶油200毫升
　　法式芥末子酱1大匙、盐1/4小匙
　　白胡椒粉适量、无盐奶油10克

做法：

1 红葱头去皮，切碎；香菜切碎，用厨房纸巾吸干多余水分。
2 取厚平底煎锅，加入红葱头碎、八角及白酒，开中火，煮沸后转小火，煮至汤汁浓缩成1/4量，加入鲜奶油煮沸，再煮约1分钟，过滤取奶油酱。
3 另取一厚平底煎锅，放入过滤好的奶油酱，加入法式芥末子酱，开小火煮沸后，加入盐、白胡椒粉调味后熄火。
4 加入香菜碎及无盐奶油，乳化拌匀即可。

● **你也可以这样搭：** 双色鱼卷（96页）、煎鲈鱼（82页）、煎干贝（108页）。

▱▱▱ **主厨小叮咛** ▱▱▱

这里用八角，功能在于中和及提味，因白酒浓缩后有可能因为酒本身品质不好，有强烈的异味，此时添加就有中和及提升酱汁味道的作用。

做法：

1 大蒜去皮，切碎；洋葱去皮，切丁备用；
2 蘑菇像切西瓜那样切舟状；番茄去蒂后，切舟；黄甜椒、红甜椒去子及囊，切丁；芦笋削掉硬皮，切斜片；黑橄榄切片备用。
3 巴西利、迷迭香分别沥干后切碎，用厨房纸巾吸干多余水分备用。

4 取厚平底煎锅，开中火热锅，加入橄榄油，放入大蒜碎炒香，再依序放入洋葱丁、蘑菇块、番茄块、红黄甜椒丁、芦笋片及黑橄榄片，炒熟后加入盐、黑胡椒碎调味，再加入三种香料碎拌炒均匀，关火加盖闷3分钟即可。

● **你也可以这样搭：** 香蒜橄榄油煎三文鱼（90页）、煎干贝（108页）。

煎大虾

分量：4 人份

材料：
草虾（或明虾）12只（每只70克）

调味料：
盐1/4小匙、黑胡椒碎1/8小匙
橄榄油2大匙、白酒4大匙

配菜材料：
芦笋200克

BOX 配菜这样做

芦笋切除硬皮后洗净，放入沸水烫熟，捞出沥干，加入盐1/4小匙及橄榄油1大匙拌匀即可。

做法：

1 虾头修剪整齐，剥除虾身的壳，挑除肠泥后洗净，用厨房纸巾吸干水分，再撒上盐及黑胡椒碎备用。

2 取厚平底煎锅，开中火烧热锅，加入橄榄油，放入虾，煎至一面微上色后，翻面，煎至另一面微上色，加入白酒煮沸，盖上锅盖，焖煮2分钟，熄火。

3 插入探针式温度计至虾肉中间最厚部位，中心温度约60℃以上，表示虾肉已经煮熟，盘底放上配菜，摆上虾，再依个人喜好淋上以下的酱汁即可。

∽ 主厨小叮咛 ∽

1 虾处理好以后要擦干水分，免得入锅油煎会溅油。

2 要知道虾肉熟了没，除了用温度计测量温度外，还可用温度计尖部穿刺虾肉，若能轻易刺透，就表示虾肉熟了。

3 虾中心温度约60℃以上，虾肉最嫩、最好吃，温度不可太高，否则虾肉太硬、太老。

罗勒水蜜桃莎莎

分量：4 人份　保存方法：冷藏 7 天

材料：

A 罐头水蜜桃200克、紫洋葱1/4头、红辣椒1个
嫩姜60克、罗勒（或甜罗勒）10克、香橙1个

B 白酒醋1大匙、橄榄油2大匙

柑橘龙舌兰酒酱

分量：4人份　保存方法：冷藏7天

主厨小叮咛

1 选用小番茄，主要是需要小番茄的爽脆口感，大番茄口感较软，不适合用在这道酱汁里。
2 龙舌兰酒味道淡，需要最后才拌入酱汁里，若太早加入，酒的香气会跑掉。

材料：
A 柑橘（或香橙）2个、小番茄12个、香菜10克
B 橄榄油1大匙、Tabasco辣椒水1小匙、龙舌兰酒120毫升

做法：
1 柑橘去皮，部分果肉切成丁状，部分果肉挤成汁；小番茄去蒂后，切丁；香菜切碎，用厨房纸巾吸干多余水分备用。
2 取干净钢盆，放入果肉丁及果汁，再放入小番茄丁、香菜碎、橄榄油及辣椒水，轻轻拌匀后，倒入龙舌兰酒搅拌均匀，放入冰箱冷藏30分钟即可。

● **你也可以这样搭：** 粉炸鱼排（84页）、香蒜橄榄油煎三文鱼（90页）、煎干贝（108页）、酥炸蟹肉饼（110页）。

材料：
A 洋葱半头（约120克）、红甜椒1/2个
　黄甜椒1/2个、小番茄8个
B 无盐奶油20克、姜黄粉1小匙、印度咖喱粉1大匙
　豆蔻粉1/2小匙、小茴香1/2小匙、细砂糖2大匙
　白醋2大匙、冷开水200毫升、Tabasco辣椒水1/2小匙

做法：
1 洋葱去皮，切丝；红甜椒、黄甜椒分别去子及囊，切丝；小番茄去蒂后，每个切成两半备用。
2 取厚平底煎锅，开中火烧热锅，加入无盐奶油，放入洋葱丝及红、黄甜椒丝炒透后，转小火，加入姜黄粉、印度咖喱粉、豆蔻粉及小茴香，炒约2分钟。
3 加入小番茄块及细砂糖、白醋、冷开水，转中火煮沸，再转小火煮5分钟，加入辣椒水拌匀即可。

● **你也可以这样搭：** 粉炸鱼排（84页）、香蒜橄榄油煎三文鱼（90页）、煎干贝（108页）、酥炸蟹肉饼（110页）。

糖醋咖喱酱

分量：4人份　保存方法：冷藏7天

主厨小叮咛

炒香料时，要用小火慢炒，若是火候太大，香料会有苦味，就不能食用了。

做法：
1 水蜜桃切丁状；紫洋葱、嫩姜去皮，切碎；红辣椒去子，切碎；罗勒切碎，用厨房纸巾吸干多余水分；香橙榨汁备用。
2 取干净钢盆，放入紫洋葱碎、红辣椒碎、姜碎、香橙汁、白酒醋及橄榄油，搅拌均匀后加入水蜜桃丁及罗勒碎拌匀，放入冰箱冷藏30分钟即可。

● **你也可以这样搭：** 粉炸鱼排（84页）、香蒜橄榄油煎三文鱼（90页）、煎干贝（108页）、酥炸蟹肉饼（110页）。

做法：

1 准备烤箱，用上/下火185℃预热6分钟。

2 虾头修剪整齐，从背部划一刀口，挑除肠泥后洗净，用厨房纸巾吸干水分，再一一排在烤盘上，均匀撒上盐、黑胡椒碎，淋上橄榄油、白酒。

3 放入预热好的烤箱，用上/下火185℃烘烤8分钟，取出，插入探针式温度计至虾头与虾身中间，中心温度约60℃以上，表示虾已经烤熟，排盘，放上薄荷叶装饰，再依个人喜好淋上以下的酱汁即可。

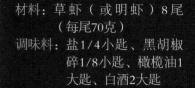

烤大海虾

分量：4人份

材料： 草虾（或明虾）8尾
（每尾70克）

调味料： 盐1/4小匙、黑胡椒碎1/8小匙、橄榄油1大匙、白酒2大匙

∽ 主厨小叮咛 ∽

烤虾时，烤箱温度一定要够高，至少要185℃以上，这样烤出来的虾颜色才会漂亮、鲜红；若温度不够，虾头的蛋白质会变质，虾头会变黑，烤出来的虾颜色也会不好看。而且用高温烤，烤的时间短，烤出来的肉才会紧实。

薄荷西瓜酱

分量：4人份　保存方法：现做现用

∽ 主厨小叮咛 ∽

苹果醋及雪利酒醋，与红酒醋的不同在于苹果醋及雪利酒醋的味道较柔和，不呛且香气较重，比较适合做水果口味的酱汁基底。

材料：

A 西瓜肉400克、新鲜薄荷叶10克

B 苹果醋（或雪利酒醋）2大匙
蜂蜜2大匙、橄榄油2大匙
盐1/2小匙

做法：

1 西瓜肉切丁；薄荷叶沥干后切碎，用厨房纸巾吸干多余水分备用。

2 取干净钢盆，放入苹果醋、蜂蜜、橄榄油及盐，拌匀后加入西瓜丁及薄荷叶碎，轻轻搅拌均匀，放入冰箱冷藏30分钟即可。

● **你也可以这样搭：** 粉炸鱼排（84页）、煎辣味金枪鱼（88页）、香蒜橄榄油煎三文鱼（90页）、酥炸蟹肉饼（110页）。

西西里香料番茄

分量：4 人份　保存方法：冷藏 7 天

材料：

A 小番茄12个、紫洋葱（或红葱头）60克
　　大蒜60克、黑橄榄8个

B 罗勒10克、香菜10克
　　新鲜巴西利10克、新鲜俄力冈5克
　　新鲜迷迭香5克

C 红酒醋1大匙、橄榄油2大匙
　　盐1/4小匙、黑胡椒碎1/8小匙

做法：

1 小番茄去蒂后，每个切成4个半月片；紫洋葱、大蒜分别去皮，切碎；黑橄榄每个切成4个半月片；材料B的香料分别沥干后切碎，用厨房纸巾吸干多余水分备用。

2 取干净钢盆，放入红酒醋、橄榄油、紫洋葱碎、大蒜碎、盐、黑胡椒碎及材料B五种香料碎，拌匀后加入小番茄片及黑橄榄片，轻轻搅拌均匀，放入冰箱冷藏30分钟即可。

● **你也可以这样搭：** 粉炸鱼排（84页）、煎辣味金枪鱼（88页）、香蒜橄榄油煎三文鱼（90页）、酥炸蟹肉饼（110页）。

　　∽ **主厨小叮咛** ∽

若没有俄力冈叶，可用香味类似的鼠尾草或百里香替代。

奇异果柠檬辣椒酱

分量：4 人份　保存方法：现做现用

材料：

A 奇异果2个、红葱头20克、青葱1根
　　小番茄6个、红辣椒1根
　　新鲜巴西利10克
　　罗勒10克、柠檬2个

B 红糖1大匙、Tabasco辣椒水1小匙
　　橄榄油1大匙

做法：

1 奇异果去皮，切丁；红葱头去皮，切碎；青葱切葱碎；小番茄去蒂后，切丁；红辣椒去子，切碎；巴西利、罗勒分别沥干后切碎，用厨房纸巾吸干多余水分；柠檬挤汁备用。

2 取干净钢盆，放入红辣椒碎、巴西利碎、罗勒碎及红糖、辣椒水、柠檬汁、橄榄油，拌匀后，加入红葱头碎、葱碎、小番茄丁及奇异果丁，轻轻搅拌均匀，放入冰箱冷藏30分钟即可。

● **你也可以这样搭：** 粉炸鱼排（84页）、煎辣味金枪鱼（88页）、香蒜橄榄油煎三文鱼（90页）、酥炸蟹肉饼（110页）。这是一道适合夏天食用的水果莎莎酱，搭配各式的烤肉及海鲜，非常对味。

　　∽ **主厨小叮咛** ∽

1 这道酱汁，酸、甜、辣三种味道一定要有，要平衡，但可依个人偏好，酌量增加其中某一味道。

2 这里用红糖，主要是取其特有焦糖味，若不喜欢焦糖味，可改用细砂糖。

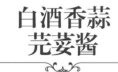

培根虾卷

分量：4人份

材料： 草虾（或明虾）12只（每只70克）、培根12片

调味料： 盐1/4小匙、黑胡椒碎1/8小匙、橄榄油1大匙

白酒香蒜芫荽酱

分量：4人份　保存方法：现做现用

材料：

A 大蒜80克、红葱头60克
香菜40克、新鲜巴西利10克

B 无盐奶油40克、白酒200毫升
鲜奶油200毫升、盐1/4小匙
白胡椒粉适量

做法：

1 大蒜、红葱头分别去皮，切碎；香菜、巴西利分别沥干后切碎，用厨房纸巾吸干多余水分备用。

2 取厚平底煎锅，开中火热锅，加入无盐奶油20克，放入大蒜碎、红葱头碎炒香，加入白酒煮沸，煮至汤汁收干后转小火，加入鲜奶油煮沸，再煮约2分钟，煮至汤汁呈浓稠状后熄火。

3 过滤至另外一个钢盆内，再加入无盐奶油、香菜碎、巴西利碎、盐、白胡椒粉调味，拌匀即可。

● **你也可以这样搭：**
香蒜橄榄油煎三文鱼（90页）、煎大虾（102页）。

≈≈ 主厨小叮咛 ≈≈

这道酱汁主要在于奶油香味，所以爆香的油一样使用无盐奶油，若用橄榄油，两种油味会有冲突。

意式橄榄番茄莎莎

分量：4人份　保存方法：冷藏7天

材料：

A 小番茄20个、黑橄榄16个
西芹1根、罐头鳀鱼2片
大蒜20克、香菜10克
新鲜巴西利10克

B 蜂蜜1大匙
意大利陈年老醋2大匙
橄榄油2大匙

≈≈ 主厨小叮咛 ≈≈

鳀鱼碎像芝麻酱一样，不容易拌匀，所以一定要先加入橄榄油等材料用汤匙慢慢磨匀，才能和其他材料拌在一起；若所有材料一起拌，鳀鱼碎会拌不开，而鳀鱼很咸，酱汁味道就会不均匀。

做法：

1 准备烤箱，用上/下火175℃预热6分钟。

2 虾去头后剥壳，留虾尾部分，从背部划一刀口，挑除肠泥后洗净，用厨房纸巾吸干水分。

3 用培根从虾尾端往上包裹住虾身，用牙签插入固定，撒上盐及黑胡椒碎备用。

4 取厚平底煎锅，开中火烧热锅，加入橄榄油，放入包裹好的培根虾卷，煎至一面微上色后，翻面，煎至另一面微上色，取出，排于烤盘上。

5 放入预热好的烤箱，用上/下火175℃烘烤6分钟后取出，插入探针式温度计至虾肉中间最厚部位，中心温度约60℃以上，表示虾肉已经烤熟，排盘，再依个人喜好淋上以下的酱汁即可。

⁓⁓ 主厨小叮咛 ⁓⁓

培根经过油煎的过程会释放出油脂，能把虾紧紧裹住，所以要先煎过再放入烤箱烘烤。

做法：

1 小番茄去蒂后，每个切对半；黑橄榄每个切对半；西芹撕除老筋后，切丁；鳀鱼切碎；大蒜去皮，切碎；香菜、巴西利分别沥干后切碎，用厨房纸巾吸干多余水分备用。

2 取干净钢盆，放入材料B及鳀鱼碎、大蒜碎、香菜碎、巴西利碎，拌匀后，加入西芹丁、小番茄片及黑橄榄片，拌匀，放入冰箱冷藏30分钟即可。

● **你也可以这样搭：**粉炸鱼排（84页）、煎大虾（102页）、酥炸蟹肉饼（110页）。

辣味菠萝咖哩酱

分量：4人份　保存方法：冷藏7天

材料：

A 红葱头60克、嫩姜60克、红辣椒1根　小番茄8个、罐头菠萝片200克

B 无盐奶油20克、印度咖哩粉1大匙、菠萝汁200毫升　细砂糖1大匙、肉桂1条（或肉桂粉2克）、丁香8个　鱼露2大匙、Tabasco辣椒水1/2小匙

做法：

1 红葱头、嫩姜去皮，切碎；红辣椒去子，切碎；小番茄去蒂后，每个切成4个半月片；菠萝每片切成8等分备用。

2 取厚平底煎锅，开中火热锅，加入无盐奶油，放入红葱头碎、红辣椒碎及嫩姜碎炒香，再加入小番茄片，炒匀后转小火，加入印度咖哩粉炒匀，再加入菠萝片及菠萝汁，煮沸后，加入细砂糖、肉桂及丁香，煮3分钟。

3 加入鱼露、辣椒水拌匀即可。可用罗勒装饰。

● **你也可以这样搭：**粉炸鱼排（84页）、煎大虾（102页）、酥炸蟹肉饼（110页）。

⁓⁓ 主厨小叮咛 ⁓⁓

泰式料理中罗勒使用非常广泛，此道酱汁可以加入适量罗勒碎来增加味道。

煎干贝

分量：4 人份

材料：大干贝4个（或小干贝12个）

调味料：盐1/4小匙、黑胡椒碎1/8
小匙、橄榄油1大匙

配菜材料：西芹2根

BOX 配菜这样做

芹菜撕除老筋后，切长段，放入
沸水烫熟即可。

姜醋
甜菜汁

分量：4 人份　保存方法：冷藏 7 天

材料：

A 红甜菜200克
嫩姜20克

B 白酒醋40毫升、橄榄油2大匙
细砂糖20克

做法：

甜菜、嫩姜分别去皮，切块，放入果
汁机内，加入白酒醋、橄榄油及细砂糖，
搅打成汁即可。

● **你也可以这样搭：**蒸石斑鱼（80页）、香蒜橄榄油煎
三文鱼（90页）、烤鳕鱼（94页）。

∽ 主厨小叮咛 ∽

酱汁没使用完时，放入冰箱冷藏，因为油脂会凝
结，加热时，只需放于室温下即可。

松露油
芹菜汁

分量：4 人份　保存方法：现做现用

材料：

A 西芹2根
洋葱1/4头（约60克）
香菜10克

B 白酒200毫升、盐1/4小匙
白胡椒粉1/8小匙
松露油1小匙（黑或白均可）

∽ 主厨小叮咛 ∽

松露油很贵，不用和其他材
料一起拌，可等主菜盛盘，
淋上酱汁后，再滴入松露油
即可，这样香气才足。若松
露油滴入后，香气不够持
久，表示这个松露油不够
纯，掺有其他杂质，所以采
买时要小心。

做法：

1 干贝用厨房纸巾吸干水分，撒上盐、黑胡椒碎备用。

2 取厚平底煎锅，开中火烧热锅，加入橄榄油，放入干贝，转中大火，每面各煎2分钟，煎至上色，熄火。

3 插入探针式温度计至干贝中间，中心温度约40℃，表示干贝已经熟，盘底放上配菜，摆上干贝，再依个人喜好淋上以下的酱汁即可。

∞ **主厨小叮咛** ∞

干贝不可煎太老，肉质会变硬，口感就不好了，中心温度约40℃即可。

做法：

1 冰块放入干净钢盆内，加入适量冷开水当冰镇用。

2 西芹撕除老筋后，切碎；洋葱去皮，切碎；香菜沥干后切碎，用厨房纸巾吸干多余水分备用。

3 取厚平底煎锅，加入西芹碎、白酒、洋葱碎、盐、白胡椒粉，用中火煮沸后，厚平底煎锅直接放到盛有冰块水的钢盆里，利用隔水方式冰镇，材料冰凉后放入果汁机里，搅打成泥汁，再加入松露油、香菜碎即可。

● **你也可以这样搭：** 蒸石斑鱼（80页）、烤鳕鱼（94页）、煎大虾（102页）。

绿胡椒培根
辣酱奶油

分量：4人份　保存方法：冷藏7天

材料：

A 培根4片、洋葱1/4头（约60克）、大蒜30克

B 无盐奶油10克、绿胡椒粒1大匙（约10克）辣根酱1小匙、白酒100毫升、鲜奶油200毫升盐1/4小匙

做法：

1 培根切小片；洋葱、大蒜分别去皮，切碎备用。

2 取厚平底煎锅，开中火热锅，加入无盐奶油，放入培根片炒至上色，加入洋葱碎、大蒜碎，拌炒呈金黄色后转小火，加入绿胡椒粒、辣根酱拌炒均匀。

3 加入白酒，煮至汤汁浓缩成1/2量，再加入鲜奶油煮沸后，加入盐调味即可。

● **你也可以这样搭：** 蒸石斑鱼（80页）、香蒜橄榄油煎三文鱼（90页）、烤鳕鱼（94页）。

∞ **主厨小叮咛** ∞

绿胡椒粒有干及鲜两种，一般常见的是干品，而鲜的绿胡椒是罐头装，它的香气较足，虽然好吃，但价格贵。

酥炸蟹肉饼

分量：约15个

材料：

A 熟蟹腿肉500克、洋葱50克
　蘑菇100克、青葱2根、香菜15克
B 低筋面粉60克、无盐奶油40克
C 低筋面粉1杯、鸡蛋3个、面包粉300克

调味料：

无盐奶油10克、法式芥末子酱1/2小匙
白酒100毫升、鸡高汤（或水）100毫升
鲜奶油100毫升、盐1/4小匙
白胡椒粉1/8小匙、色拉油500毫升

配菜材料： 小番茄1个

BOX ▶ 配菜这样做

小番茄去蒂后，切对半即可。

∞ 主厨小叮咛 ∞

1 蟹肉饼有法式及美式，这道做法是
　法式；美式的马里兰蟹肉饼，材料
　有蛋黄酱、面包粉、熟蟹肉，口感
　比较油，味道也比较甜。
2 蟹肉饼冷冻变硬后，才容易沾裹上
　面粉、蛋液及面包粉。

做法：

1 洋葱去皮，切碎；蘑菇切碎；青葱切葱碎；香菜沥干后
　切碎，用厨房纸巾吸干多余水分备用。
2 材料B混合拌匀成面酱备用。
3 取厚平底煎锅，开中火烧热锅，加入无盐奶油10克，放
　入洋葱碎、蘑菇碎炒香后，加入法式芥末子酱、白酒及
　鸡高汤拌匀，煮沸后转小火，加入鲜奶油及做法2的面
　酱，用打蛋器搅拌成浓稠状。
4 加入蟹腿肉及盐、白胡椒粉调味，煮沸后，加入葱碎、
　香菜碎拌匀，盛出，放入冰箱冷藏30分钟备用。
5 将冷藏好的蟹肉酱均分成15等分，每份先搓圆，再压成
　圆扁状后放入冰箱冷冻1小时。
6 面粉、面包粉分别用小碟子装好；鸡蛋打成蛋液备用。
7 冷冻的蟹肉饼取出，分别依序均匀沾裹上一层面粉、蛋
　液及面包粉。
8 取油炸锅，加入色拉油，开中火加热至165℃，放入沾
　好面包粉的蟹肉饼，持续用165℃炸至表面呈金黄色
　后，取出，插入探针式温度计至蟹肉饼中间，中心温度
　约60℃以上，沥干油后排盘，放上配菜，再依个人喜好
　淋上以下的酱汁即可。

法式塔塔酱

分量：6人份　保存方法：冷藏7天

材料：

A 洋葱50克、酸黄瓜25克、熟蛋白1个、酸豆10克、新鲜巴西利5克
B 柠檬1个、蛋黄酱350克、白醋5克、细砂糖7克、黑胡椒碎1/8小匙

材料：

A 罐头鳀鱼1小罐、大蒜50克

B 美式蛋黄酱350克、番茄糊20克
红辣椒粉1小匙

做法：

1 鳀鱼沥油后切碎；大蒜去皮，切碎备用。

2 取干净钢盆，放入所有材料，用打蛋器拌
匀即可。

● **你也可以这样搭：** 粉炸鱼排（84页）、煎大
虾（102页）、煎干贝（108页）。

鳀鱼辣椒酱

分量：6人份　保存方法：冷藏7天

∞ **主厨小叮咛** ∞

这是一道辣酱，需要用红辣椒粉的辣，
千万别和颜色接近的匈牙利红椒粉搞
错，因为匈牙利红椒粉是甜味。

材料：

A 大蒜50克

B 美式蛋黄酱300克、番茄酱100克
黑胡椒碎1/8小匙
白兰地10毫升、辣根酱10克
Tabasco辣椒水适量

做法：

大蒜去皮后切碎，放入干净钢盆里，加入所
有材料B拌匀即可。

● **你也可以这样搭：** 粉炸鱼排（84页）、煎
大虾（102页）、煎干贝（108页）。

白兰地辣根酱

分量：6人份　保存方法：冷藏7天

∞ **主厨小叮咛** ∞

辣根酱可放可不放，依个人口味
决定。

做法：

1 洋葱去皮，切碎；酸黄瓜、熟蛋白、酸豆切碎；巴西利沥干
后切碎，用厨房纸巾吸干多余水分备用。

2 柠檬挤汁，与其他材料B一起放入干净钢盆里，加入所有处理
好的材料A拌匀即可。

● **你也可以这样搭：** 粉炸鱼排（84页）、煎大虾（102页）。

∞ **主厨小叮咛** ∞

这里只加蛋白不加蛋黄的原
因是，蛋白的口感筋道，而
蛋黄吃起来沙沙的，会影响
酱汁的口感。

匈牙利辣肠焗烤孔雀蛤

分量：2人份

材料：

A 冷冻熟孔雀蛤6个、德国香肠100克
 番茄1个、洋葱30克
 面包粉2大匙（约15克）
 新鲜巴西利10克

B 披萨起司丝30克、帕马森起司粉10克

调味料：

柠檬1个、橄榄油1大匙
匈牙利红椒粉1小匙
盐1/4小匙、黑胡椒碎1/8小匙

∽ 主厨小叮咛 ∽

1 德国香肠选用原味或辣味均可。
2 使用柠檬来蒸孔雀蛤，是为了增加香气。

做法：

1 准备烤箱，用上/下火200℃预热6分钟。

2 孔雀蛤退冰后洗净，放入厚平底煎锅内，挤入柠檬汁，盖上锅盖，用中火煮沸约1分钟后熄火，取出孔雀蛤备用。

3 德国香肠切丁；番茄去蒂后，切碎；洋葱去皮，切碎；巴西利沥干后切碎，用厨房纸巾吸干多余水分备用。

4 取厚平底煎锅，开中火烧热锅，加入橄榄油，放入洋葱碎炒至金黄色，再加入番茄碎，拌炒1分钟后转小火，加入匈牙利红椒粉及德国香肠丁拌炒均匀，加入面包粉拌炒均匀，再加入盐、黑胡椒碎调味后，加入巴西利碎拌匀成番茄辣肠酱备用。

5 番茄辣肠酱填入孔雀蛤内，撒上起司丝及起司粉，排在烤盘上，放入预热好的烤箱，用上/下火200℃焗烤5分钟即可。

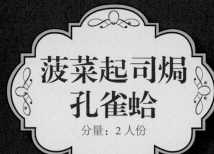

菠菜起司焗孔雀蛤

分量：2人份

材料：

A 冷冻熟孔雀蛤6个
　新鲜菠菜200克、洋葱30克
　大蒜30克、面包粉2大匙（约15克）
B 披萨起司丝30克、帕马森起司粉10克

调味料：

白酒2大匙、无盐奶油10克
鲜奶油100毫升、盐1/4小匙、黑胡椒碎1/8小匙

∽ 主厨小叮咛 ∽

1 使用面包粉的用意，是使酱汁拌炒
　时变得较浓稠，而且烘烤完成后，
　孔雀蛤才会显得饱满。

2 孔雀蛤本来就是熟的，所以不需要
　煮太久；加入白酒一起煮，是去
　腥，并让孔雀蛤吸取白酒的香气。

做法：

1 准备烤箱，用上/下火200℃预热6分钟。

2 孔雀蛤退冰后洗净，放入厚平底煎锅内，
加入白酒，盖上锅盖，用中火煮沸约1分钟
后熄火，取出孔雀蛤，白酒汤汁备用。

3 菠菜取嫩叶部分，放入沸水烫熟后取出，
用冰水冰镇，冰凉后取出挤干水分，切
碎；洋葱、大蒜分别去皮，切碎备用。

4 取厚平底煎锅，开中火烧热锅，加入无盐
奶油，加入洋葱碎、大蒜碎炒香，再加入
做法2的白酒汤汁，煮至汤汁收干，加入鲜
奶油煮沸，煮至汤汁浓缩成1/2量。

5 加入菠菜碎拌匀后，加入面包粉拌炒1分
钟，再加入盐、黑胡椒碎调味成奶油菠菜
酱备用。

6 奶油菠菜酱填入孔雀蛤内，撒上起司丝及
起司粉，排在烤盘上，放入预热好的烤
箱，用上/下火200℃焗烤5分钟即可。

香料大蒜酥烤孔雀蛤

分量：2人份

材料：

冷冻熟孔雀蛤6个、大蒜50克
新鲜巴西利10克、新鲜迷迭香5克
干燥俄力冈香料1/2小匙
去皮法国面包6片（或面包粉30克）

调味料：

白酒2大匙、橄榄油2大匙
盐1/4小匙、黑胡椒碎1/8小匙

做法：

1 准备烤箱，用上/下火200℃预热6分钟。

2 孔雀蛤退冰后洗净，放入厚平底煎锅内，加
入白酒，盖上锅盖，用中火煮沸约1分钟后
熄火，取出孔雀蛤，白酒汤汁留下备用。

3 大蒜去皮，切碎；巴西利、迷迭香分别沥干
后切碎，用厨房纸巾吸干多余水分备用。

4 法国面包放入预热好的烤箱，用上/下火
200℃烘烤2分钟，取出，放凉后压粗碎。

5 取干净钢盆，放入大蒜碎及三种香料碎，加
入橄榄油、做法2的白酒汤汁、盐、黑胡椒
碎，再放入压碎的法国面包，拌匀成香料大
蒜面包碎备用。

6 香料大蒜面包碎填入孔雀蛤内，排在烤盘
上，放入预热好的烤箱，用上/下火200℃焗
烤6分钟即可。

Part 3
清爽的蔬食类
菌菇类、牛油果、番茄、土豆

材料：

A 大蒜60克、杏鲍菇120克、蘑菇120克
　雪白菇（可用滑子菇代替）80克、蟹味菇80克

B 新鲜鼠尾草5克、新鲜百里香5克
　新鲜迷迭香5克、新鲜巴西利10克

调味料：

橄榄油2大匙、盐1/4小匙、黑胡椒碎1/8小匙

做法：

1 大蒜去皮，切碎；杏鲍菇切大丁状；蘑菇每朵切成4等分；雪白菇、蟹味菇去根部；材料B分别沥干后切碎，用厨房纸巾吸干多余水分备用。

2 取厚平底煎锅，开中火烧热锅，加入橄榄油，放入大蒜碎炒香，再加入所有菇类炒透后，加入材料B四种香料碎拌炒均匀，加入盐、黑胡椒碎调味即可。

3 新鲜香料番茄盛于盘中，再放上香蒜炒什菇即可。

菌菇类

BOX 新鲜香料番茄这样做

材料：

A 小番茄200克、洋葱1/4头（约60克）
　大蒜30克、罗勒20克
　新鲜俄力冈5克、新鲜巴西利10克

B 橄榄油2大匙、番茄糊1小匙
　白酒2大匙、盐1/4小匙、黑胡椒碎1/8小匙

做法：

1 小番茄去蒂后，每个切成4个半月片；洋葱、大蒜分别去皮，切碎；罗勒、俄力冈、巴西利分别沥干后切碎，用厨房纸巾吸干多余水分备用。

2 取厚平底煎锅，开中火烧热锅，加入橄榄油，放入大蒜碎、洋葱碎炒香后转小火，加入番茄糊，用小火炒透，再加入白酒、小番茄片炒约2分钟。

3 加入三种香料碎拌炒约1分钟后，加入盐、黑胡椒碎调味即可。

主厨小叮咛

这是一道意式的健康素，菇类除了金针菇、干香菇不适合外，其他新鲜菇类都可以替换使用；另外，还可加上红、黄甜椒，等，增加爽脆口感。

香蒜炒什菇佐新鲜香料番茄

分量：4人份

白萝卜佐
杏鲍菇味酥酱
分量：4 人份

蘑菇慕斯佐
芦笋奶油酱
分量：4 人份

材料：

白萝卜1根（约1千克）、月桂叶2片、肉桂条1条

调味料：

鸡高汤（或水）500毫升、酱油50克
细砂糖30克、白胡椒粒6个

做法：

1 白萝卜分切成4个圆柱，每段先去皮，再修成同样大小后，每段再切成4等分。
2 取厚平底煎锅，加入调味料及月桂叶、肉桂条后，再放入白萝卜段，开大火煮沸后，转小火煮10分钟熄火。
3 煮好的白萝卜一片片叠好排盘，淋上杏鲍菇味醂酱即可。

∽ 主厨小叮咛 ∽

1 白萝卜依产季选用本地或日本、韩国进口萝卜皆可，本地白萝卜要挑选大个的、形状直的较好；本地白萝卜烹煮10分钟就会入味好吃，而进口白萝卜，一般需要烹煮15～20分钟才会入味，所以依照挑选的品种注意控制烹煮时间。
2 菇类除了金针菇、干香菇不适合外，其他新鲜菇类都可以替换。

BOX 杏鲍菇味醂酱这样做

材料：

A 杏鲍菇120克、蟹味菇120克
雪白菇120克、嫩姜60克
B 味醂200毫升、酱油50克、白醋50克
玉米粉（或太白粉）1小匙、水1大匙
香油2小匙、黑胡椒碎1/8小匙

做法：

1 杏鲍菇切丁状；蟹味菇、雪白菇切去根部；嫩姜去皮，切碎备用。
2 味醂、酱油及白醋混合；玉米粉与水拌匀备用。
3 取厚平底煎锅，开中火热锅，加入香油，放入杏鲍菇、蟹味菇、雪白菇、黑胡椒碎及姜末炒香，再倒入混合好的味醂酱汁，煮沸后，加入玉米粉水勾芡成浓稠状即可。

材料：

A 蘑菇200克、红葱头30克
大蒜30克、白吐司2片
B 装饰用蘑菇4朵、鸡蛋1个
圆形模具4只（约直径5厘米，高4厘米）

调味料：

帕马森起司粉20克、鲜奶油10克
无盐奶油25克
意大利综合香料1小匙、盐1/4小匙
白胡椒粉适量

BOX 芦笋奶油酱这样做

材料：

A 芦笋120克、红葱头60克
B 无盐奶油10克、鸡高汤60毫升、鲜奶油120毫升
帕马森起司粉20克、盐1/8小匙

做法：

1 芦笋削除硬皮后，切圆薄片状；红葱头去皮，切丝备用。
2 取厚平底煎锅，开中火热锅，加入无盐奶油，放入红葱头丝、芦笋片炒香后，加入鸡高汤及鲜奶油煮沸，再加入起司粉后立刻熄火，拌匀成浓稠状，加入盐调味即可。

做法：

1 蘑菇切碎；红葱头、大蒜分别去皮，切碎；装饰用蘑菇用沸水烫熟，表面雕花纹；鸡蛋打成蛋液备用。
2 白吐司切除硬边后切成小丁，加入蛋液、起司粉及鲜奶油拌匀备用。
3 取厚平底煎锅，开中火热锅，加入无盐奶油20克，放入红葱头碎、大蒜碎炒香后，加入蘑菇碎拌炒约2分钟，再加入意大利综合香料炒匀，加入盐、白胡椒粉调味后熄火，放凉，再加入做法2的白吐司丁液拌匀。
4 剩余的5克无盐奶油均匀涂抹在圆形模具内缘后，填入拌好的蘑菇白吐司泥，再把装饰用蘑菇放上，压紧。
5 放入蒸锅约12分钟，取出，脱模排盘，淋上芦笋奶油酱即可。可用生芦笋装饰。

∽ 主厨小叮咛 ∽

1 家里若没准备模具时，可用小茶杯，脱模时小心一点。
2 蒸慕斯的时间一定要控制好，蒸太久慕斯会黑，蛋会起泡，水分也会过多。

牛油果

西芹牛油果佐番茄苹果油

分量：4人份

材料：
牛油果2个（约400克）
西芹2根、香菜20克
新鲜薄荷叶20克、柠檬1个

调味料：
法式芥末子酱1小匙
盐1/4小匙、黑胡椒碎1/8小匙

做法：

1 牛油果对半划开，遇到核停【图1】，顺着圆划一圈【图2】，用手顺着刀纹掰开成两半【图3、图4】，再用刀直接砍入牛油果核上【图5】，随刀拉起刀，取出核【图6】，再去皮，切丁备用。

2 西芹撕除老筋后，切长8厘米条状；香菜、薄荷叶沥干，切碎；柠檬挤汁备用。

3 取干净钢盆，放入柠檬汁及所有调味料拌匀后，加入牛油果丁、香菜碎轻轻拌匀备用。

4 芹菜条排于盘中央，摆上拌好的牛油果丁，再淋上香料番茄苹果油后，撒上薄荷叶碎即可。

∽ 主厨小叮咛 ∽

1 牛油果有国产跟进口的两种。国产的牛油果比较大，但不适合拿来做料理，适合打果汁，做料理则需要挑选进口牛油果。

2 挑选牛油果时，不可买皮已经变黑的，因为皮黑的牛油果，果肉容易黑，所以挑牛油果，要挑绿皮的，趁牛油果果肉还是硬的时候，在室温下放软，用手按看看，果肉略微变软时，放入冰箱冷藏，利用低温继续熟成即可，这时牛油果皮不会变黑，还是绿的。

3 青苹果的香气、酸度适合做成酱料，而且很耐煮，如果没有青苹果，可选用嘎拉苹果（GALA）代替。

BOX 番茄苹果油这样做

材料：
青苹果2个、橄榄油4大匙、新鲜薄荷叶20克
金黄小番茄12个、圣女小番茄12个

做法：

1 青苹果去核、切丁，放入果汁机内，加入橄榄油及薄荷叶，搅打成泥状后，放入冰箱静置一晚，过滤取用油脂，放入干净钢盆备用。

2 两种小番茄去蒂后，切圆片，放入苹果油里腌10分钟即可。

牛油果饭佐味酥油醋

分量：4人份

材料：
牛油果2个（约400克）、柠檬1个
熟白米饭600克、熟白芝麻1大匙
烘培用圆形模具4只（直径6厘米）

调味料：
白醋1大匙、味酥2大匙、酱油1/2大匙

∽ 主厨小叮咛 ∽

没有模具用汤匙一匙匙慢慢叠上去，按压整形也可。

BOX 味酥油醋这样做

材料：
A 半干番茄80克（做法见57页）
　　罗勒20克
B 味酥2大匙、酱油1/2大匙
　　白酒醋1大匙、橄榄油2大匙

做法：
取干净钢盆，放入材料B混合拌匀，再加入半干番茄、切丝的罗勒，拌匀后放入冰箱冷藏30分钟即可。

做法：
1 牛油果对半划刀，遇到核停，顺着圆划一圈，用手顺着刀纹掰开成两半，取出核，去皮切丁后放入干净钢盆里，挤入柠檬汁拌匀备用。
2 取另干净钢盆，放入所有调味料拌匀，再加入熟白米饭、白芝麻拌匀后，均分成4等分。
3 每份饭的1/2量先填入圆形模具中，放入适量牛油果丁，填入另外1/2的米饭，再放上适量牛油果丁，脱模排盘，淋上味酥油醋即可。

番茄起司牛油果佐香蒜酸奶

分量：4人份

材料：
牛油果2个（约400克）、番茄2个
莫札瑞拉起司（Mozzarella Cheese）200克

调味料：
盐1/4小匙、柠檬1个

BOX 香蒜酸奶这样做

材料：
A 大蒜120克
B 蛋黄酱100克、原味酸奶200克
　　匈牙利红椒粉1小匙

做法：
1 大蒜去皮，切碎备用。
2 取干净钢盆，放入大蒜碎及所有材料B混合拌匀即可。

做法：
1 牛油果对半划刀，遇到核停，顺着圆划一圈，用手顺着刀纹掰开成两半，取出核及果肉，牛油果皮完整留下待装饰用。
2 牛油果肉每半个切成6片；番茄去蒂后，每个对半切开，每半个切成6片；莫札瑞拉起司切丁。
3 取牛油果皮当容器，每半个牛油果皮皆先填入3片牛油果果肉，再排入3片番茄后，摆上适量起司丁，排盘，淋上香蒜酸奶，再撒上少许匈牙利红椒粉装饰即可。食用时，放上盐、柠檬汁提味。

番茄菠菜炖饭佐干葱焦糖油醋

分量：4人份

≈ **主厨小叮咛** ≈

制作干葱焦糖油醋，火候不宜过大，否则容易失败。

材料： 大米400克、番茄2个（约250克）、洋葱1/4头（约60克）、大蒜60克、菠菜叶120克、月桂叶2片

调味料： 橄榄油1大匙、番茄糊1大匙、鸡高汤400毫升、盐1/4小匙、黑胡椒碎1/8小匙

做法：

1. 大米沥干；番茄去蒂后，切丁；洋葱、大蒜分别去皮，切碎；菠菜叶放入沸水烫熟后捞出，沥干备用。
2. 取厚平底煎锅，开中火烧热锅，加入橄榄油，放入洋葱碎、大蒜碎及月桂叶炒香，加入番茄丁炒透后，加大米拌炒均匀，再加番茄糊炒透。
3. 倒入鸡高汤，转小火，持续搅拌至煮沸，煮沸约8分钟，米饭汤汁收干，再盖上锅盖，熄火，焖20分钟至米饭熟透，加入烫熟菠菜叶及盐、黑胡椒碎调味拌匀即可。
4. 菠菜番茄炖饭分成4等分，每份用圆形模具整形成圆形，排盘，淋干葱焦糖油醋于炖饭边缘，再用生菜丝装饰即可。

BOX 配菜这样做

材料：

A 萝卜缨50克、红色圆生菜50克
　绿色圆生菜50克、红甜椒1/4个、黄甜椒1/4个
B 橄榄油1/2大匙、盐适量

做法：

1. 萝卜缨、红色圆生菜、绿色圆生菜切细丝；红甜椒、黄甜椒去子及囊，切细丝。
2. 所有蔬菜泡入冰块水中浸泡10分钟，取出沥干，加入橄榄油及盐拌匀即可。

BOX 干葱焦糖油醋这样做

材料：

A 红葱头120克
B 橄榄油2大匙、细砂糖2大匙、意大利陈年老醋4大匙
　无盐奶油30克

做法：

1. 红葱头去皮，切丝备用。
2. 取厚平底煎锅，开中火热锅，加入橄榄油，放入红葱头丝炒成金黄色油葱酥后，转小火，加入细砂糖，搅拌溶化成焦糖状，再加入意大利陈年老醋，煮沸后，加入无盐奶油搅拌至融化即可。

材料：桃太郎番茄（日本品种，可用小点的普通番茄代替）12个、新鲜迷迭香1根（约5克）、新鲜百里香1根（约5克）、月桂叶2片、市售熟豌豆仁120克

调味料：橄榄油8大匙、盐1/4小匙、白胡椒粉适量

做法：

1 迷迭香、百里香整根用厨房纸巾吸干多余水分后，与橄榄油及月桂叶一起放入干净容器内，混合浸泡一晚成香料油备用。

2 香料油放入厚平底煎锅内，加热至85℃后，放入已洗净、擦干的番茄煎3分钟，取出并熄火，立刻浸泡冰块水中冷却，冷却好的番茄去皮，再泡回香料油备用。

3 取香料油1/2大匙，放入厚平底煎锅，开中火，加入豌豆仁炒熟后，加入盐、白胡椒粉调味即可。

4 豌豆酱适量盛放于盘中间，再放上炒好的豌豆仁后，老醋酱淋于豌豆酱边缘，再淋上香料油1/2大匙，最后放上去皮番茄即可。

BOX 豌豆酱、老醋酱这样做

青豆酱材料：

A 市售熟豌豆仁120克、新鲜巴西利20克
B 鸡高汤120毫升、盐1/4小匙、橄榄油1大匙

做法：

1 巴西利取叶子备用。

2 鸡高汤倒入厚平底煎锅里，开中火，煮沸后，加入盐、豌豆仁及巴西利叶煮3分钟，熄火，放凉后，放入果汁机里，再加入橄榄油，混合搅打成泥状即可。

老醋酱材料：

意大利陈年老醋4大匙、细砂糖2大匙
红酒2大匙

做法：

取厚平底煎锅，放入所有材料，开小火煮沸，直至细砂糖融化即可。

〜 主厨小叮咛 〜

1 挑选桃太郎番茄的用意是，外形好看、适口、好吃，而小番茄则是肉太薄，会糊掉，普通番茄则是太大，不适合做这道料理。

2 番茄泡入香料油，主要是让番茄能够吸收油里香料的香气。而香料油中，若没有新鲜的迷迭香及百里香，可用干燥品1/2小匙代替。

油焖番茄衬豌豆佐老醋酱

分量：4人份

燕麦番茄盅佐奶油起司酱

分量：2人份

BOX 奶油起司酱这样做

材料：
鸡高汤（或水）80毫升
鲜奶油120毫升、起司片100克

做法：
取厚平底煎锅，开中火，加入鸡高汤与鲜奶油，煮沸后放入起司片，用打蛋器搅拌至融化即可。

材料：
番茄2个（约250克）
即食燕麦片60克
洋葱1/4头（约60克）、蘑菇4朵
西芹1根、烤过松子20克
大蒜30克、青葱1根
罗勒5克

调味料：
橄榄油2大匙、鸡高汤120毫升
盐1/4小匙、黑胡椒碎适量

主厨小叮咛

奶油起司酱的起司片选用软质的起司，其含乳脂量高，容易制作。

做法：
1 番茄去蒂后，底部略切平，蒂头部分从1/5处横切开，挖除子成空杯状备用。
2 洋葱、大蒜分别去皮，切碎；蘑菇切丁；西芹撕除老筋后，切丁；青葱切葱花；罗勒沥干后切碎备用。
3 取厚平底煎锅，开中火烧热锅，加入橄榄油，放入洋葱碎、大蒜碎炒香，再加入蘑菇丁、西芹丁炒熟后，加入鸡高汤煮沸，转小火。
4 放入燕麦片搅拌至汤汁收干，再加入松子、葱花、罗勒碎及盐、黑胡椒碎拌匀即可熄火，即为燕麦馅。
5 将燕麦馅填入番茄盅内即可。
6 奶油起司酱淋于盘中间，摆上燕麦番茄盅，撒上葱花装饰即可。

土豆乳酪塔佐苹果油

分量：4人份

材料：

A 土豆5个（约1250克）
鸡蛋2个、起司丝200克
帕马森起司粉50克
6英寸（直径约15厘米）蛋糕模1只

B 苹果1个
新鲜薄荷叶少许

调味料：

A 鲜奶175毫升、鲜奶油125毫升
豆蔻粉1小匙、盐1/2小匙
白胡椒粉1/8小匙

B 无盐奶油10克

C 橄榄油1/2大匙、细砂糖20克
白酒1大匙

BOX 苹果油这样做

材料：
青苹果2个、新鲜薄荷叶10克
橄榄油4大匙

做法：
青苹果去核、切丁，放入果汁机内，加入薄荷叶及橄榄油，搅打成泥状后，放入冰箱静置一晚，过滤取用油脂即可。

做法：

1 准备烤箱，用上/下火125℃预热6分钟。

2 土豆去皮，切成薄片，均分成4～5等分。

3 取干净钢盆，打入鸡蛋，放入调味料A及起司粉，搅拌均匀备用。

4 取蛋糕模，内缘涂上一层无盐奶油后，取一份土豆片，一片片重叠排在蛋糕模型内，淋上适量做法3的调味蛋液，再放上适量起司丝，重复做4～5层。

5 做好的土豆塔放入预热好的烤箱，用上/下火125℃烘烤60分钟，取出，放凉后放入冰箱冷藏2小时，取出，用圆形压模压成4个圆柱状乳酪塔，或切成8等分。

6 苹果去核后，切成12片半月形，放入厚平底煎锅，加入橄榄油，开中火，表面煎至微焦，再加入细砂糖、白酒，煮至糖溶化。

7 食用时，土豆塔再放入预热好的烤箱，用上/下火125℃加热12分钟，取出，插入探针式温度计至土豆塔的中心处，中心温度约60℃，排盘，盘中先加入苹果油，摆上糖煮苹果片，再把土豆塔放上，用薄荷叶装饰。

主厨小叮咛

1 土豆切好后如果不泡水会变黑，但是做焗烤料理时，食材本身的淀粉质很重要，所以这道料理制作时，土豆要现切现用不泡水，才不会让土豆变黑，也能保有淀粉质。

2 起司也可选择其他品种。

3 土豆塔烤好后不能马上切，会糊掉，要等土豆的淀粉质冷却凝结在一起，切起来才会漂亮。

炒带皮土豆衬水波蛋佐咖哩酸奶

分量：4人份

材料： 土豆4个（约1千克）、新鲜巴西利10克、新鲜迷迭香5克、鸡蛋4个

调味料： 白醋2大匙、橄榄油2大匙、盐1/4小匙、黑胡椒碎1/8小匙

做法：

1. 土豆带皮切成大丁状；巴西利、迷迭香分别沥干后切碎，用厨房纸巾吸干多余水分备用。
2. 取酱汁锅，放入土豆丁，加水盖满，开大火，煮沸后转中火，煮10分钟后熄火，取出沥干备用。
3. 取深锅，加入1升水及白醋，开大火，煮沸后转小火，鸡蛋去壳放入碗中，再轻轻倒入开水里，煮5分钟后捞起，即为水波蛋。
4. 取厚平底煎锅，开中火烧热锅，加入橄榄油，放入煮好的土豆丁，炒至表面微焦上色，再加入两种新鲜香料碎拌匀，加入盐、黑胡椒碎调味，取出排盘，摆上水波蛋，淋上咖哩酸奶酱即可。

BOX 咖哩酸奶酱这样做

材料：

- A 番茄2个（约250克）、洋葱1/4头（约60克）、红葱头60克、大蒜60克、红辣椒2个、香菜20克、原味酸奶200克
- B 无盐奶油20克、印度咖哩粉1大匙、盐1/4小匙、黑胡椒碎1/8小匙

做法：

1. 番茄去蒂后，切丁；洋葱、红葱头、大蒜分别去皮，切碎；红辣椒去子，切碎；香菜沥干后切碎备用。
2. 取厚平底煎锅，开中火热锅，加入无盐奶油，放入洋葱碎、大蒜碎、红辣椒碎及红葱头碎炒香后，加入番茄丁炒1分钟，转小火。
3. 加入印度咖哩粉、盐、黑胡椒碎拌匀后熄火，再加入酸奶及香菜碎拌匀即可。

∽ 主厨小叮咛 ∽

1. 在煮蛋的水中，加醋是为了使蛋清集中，不会散开，煮出来才会漂亮。蛋清若跑掉，用汤匙往中间拨一下。
2. 除了用水煮蛋外，也可用微波炉来煮，用饭碗加半碗水，放入1个蛋，用1200W功率，10秒钟加热一次，约4次，或20秒钟加热一次，约2次，微波炉做出的水波蛋一样好看、好吃。

材料：土豆2个（约500克）、蘑菇120克、杏鲍菇120克、玉米笋40克、市售起酥皮4片、鸡蛋1个

调味料：无盐奶油10克、盐1/4小匙、黑胡椒碎1/8小匙、松露油1小匙

BOX 红酒奶油酱这样做

材料：

A 番茄1个、红葱头80克

B 无盐奶油10克、红酒200毫升
意大利陈年老醋2大匙、细砂糖1/2大匙
盐1/4小匙、鲜奶油1大匙

做法：

1 番茄去蒂后，切丁；红葱头去皮，切片。

2 取厚平底煎锅，开中火热锅，加入无盐奶油，放入红葱头片炒香，加入番茄丁拌炒均匀后，加入红酒煮沸，汤汁煮至浓缩成1/4的量，转小火，加入意大利陈年老醋、细砂糖及盐调味后熄火，放入鲜奶油拌匀。

做法：

1 土豆洗净后去皮，切丁，放入锅中，加水盖好，开中火，煮沸10分钟后熄火，取出沥干备用。

2 准备烤箱，用上/下火185℃预热6分钟。

3 蘑菇、杏鲍菇、玉米笋分别切丁；鸡蛋打成蛋液备用。

4 取厚平底煎锅，开中火烧热锅，加入无盐奶油，放入蘑菇丁、杏鲍菇丁及玉米笋丁炒香，再加入土豆丁拌炒一下后，加入盐、黑胡椒碎调味后熄火，加入松露油拌匀备用。

5 起酥皮平放于烤盘上，取适量炒好的蘑菇土豆放入起酥皮内，四个角往中间内折包好，翻面，折口朝下，再涂上一层蛋液。

6 放入预热好的烤箱，用上/下火185℃烘烤12分钟至起酥皮上色即可，取出，对角切成两个三角形，重叠排盘，再淋上红酒奶油酱即可。

酥皮烤蘑菇土豆佐红酒奶油酱

分量：4人份

图书在版编目（CIP）数据

完美西餐"酱"料理/何行记著. —北京：中国
纺织出版社，2018.1
（尚锦西餐系列）
ISBN 978 - 7 - 5180 - 4150 - 3

Ⅰ. ①完… Ⅱ. ①何… Ⅲ. ①西式菜肴—调味酱—制
作 Ⅳ. ①TS264.2

中国版本图书馆 CIP 数据核字（2017）第 243431 号

原书名：完美西餐"酱"料理
原作者名：何行记
© 台湾邦联文化事业有限公司，2015
本书中文简体版经台湾邦联文化事业有限公司授权，由中
国纺织出版社于大陆地区独家出版发行。本书内容未经出
版社书面许可，不得以任何方式复制、转载或刊登。

著作权合同登记号：图字：01 - 2017 - 4335

责任编辑：范琳娜　　　　　责任印制：王艳丽
封面设计：NZQ 设计　　　　版式设计：品 欣

中国纺织出版社出版发行
地址：北京市朝阳区百子湾东里 A407 号楼　邮政编码：100124
销售电话：010— 67004422　传真：010— 87155801
http://www.c-textilep.com
E-mail：faxing@ c-textilep.com
中国纺织出版社天猫旗舰店
官方微博 http://weibo.com/2119887771
北京利丰雅高长城印刷有限公司印刷　各地新华书店经销
2018 年 1 月第 1 版第 1 次印刷
开本：787×1092　1/16　印张：8
字数：156 千字　定价：42.80 元